Glück aus dem Garten

Karin Greiner

Glück aus dem Garten

Mit der Gartenexpertin
durch die 10 Jahreszeiten

Deutsche Verlags-Anstalt

Inhalt

Vorwort

Was für ein Glück, einen Garten zu haben! Ich bin sehr dankbar für solch ein Privileg. Denn mein Garten ist mein kleines Paradies. In ihm darf ich ganz in den Düften von Kräutern schwelgen. Im Garten darf ich mit meinen Händen in warmer, krümeliger Erde buddeln. Und natürlich darf ich auch die Früchte meines Gartens genießen. Kann ein Radieschen besser schmecken als aus der eigenen Scholle gezogen?

Ebensolche Freude bereitet es mir, all meine Erfahrungen aus Sicht einer Biologin an den Mann beziehungsweise die Frau zu bringen. Auf dass der Garten allen Glück bereite. Bei Bayern 1, dem beliebtesten Radiosender Bayerns, darf ich das seit vielen Jahren – herzlichen Dank dafür. Mit großer Freude erkläre ich dort, was eine Pflanze braucht, damit sie sich rundum wohlfühlt. Und wenn es Rosen und Tomaten gut geht, macht das wiederum den Gärtner glücklich. Viele meiner Tipps sind jetzt in diesem Buch zusammengeflossen, dafür bedanke ich mich bei Bayern 1, bei BR Media und natürlich der DVA ausdrücklich.

Ich richte mich beim Gärtnern immer nach der Natur und sammle beständig neue Erfahrungen. Nehme nichts als Rückschlag, sondern lerne aus Erfolgen wie aus Misserfolgen. Bewahre die Ruhe und genieße es, das Glück aus dem Garten. Tun Sie das doch auch! Meine Ratschläge mögen dabei blühen und fruchten.

Ihre Karin Greiner
Gartenexpertin von Bayern 1

Glück hat, wer mit der Natur gärtnert

Ein Garten soll Spaß machen, der Erholung dienen und ein Lebensraum für Mensch, Pflanzen und Tiere sein. Damit das gelingt, sollten Sie die Zeichen der Natur erkennen und sich nach den Regeln der Natur richten. Und nichts krummnehmen, denn: Erfahrung ist der beste Gärtner!

Das Buch gliedert sich in die Jahreszeiten der Natur. Davon gibt es mehr als die vier kalendarischen Frühling, Sommer, Herbst und Winter. Denn die drei Phasen, in denen alles keimt, wächst, blüht, fruchtet und gedeiht, werden noch weiter unterteilt. So ergeben sich zehn natürliche Jahreszeiten. Diese beginnen und enden auch nicht mit fixen Terminen. Die Natur folgt eigenen Rhythmen, außerdem hängt es entscheidend von der Region ab, wann der Frühling einzieht oder wie lange der Herbst mild bleibt. Vielmehr dienen überall verbreitete und leicht zu beobachtende Gewächse, sogenannte Zeigerpflanzen, als Signalgeber.

Zu jeder dieser natürlichen Jahreszeiten gebe ich die besten Tipps und Tricks für anstehende und allfällige Gartenarbeiten. Wann Sie am besten Ihre Rosen schneiden, was bei der Tomatenpflege zu beachten ist, wie die Petersilie gut keimt. Es ist eine Sammlung aus den Sendungen, bei denen man mich regelmäßig auf Bayern 1 hören kann – nicht zuletzt entstanden auch durch viele Rückfragen und Rückmeldungen der Hörer. Immer auch ganz naturnah und umweltschonend, künstliche Düngemittel oder synthetische Spritzmittel bleiben absolut außen vor.

Fragen rund um den Garten stellen mir nicht nur die Hörer von Bayern 1, sondern auch die Moderatoren. Die eben auch einen Garten haben, sich auch an Hecken, Rasen, Blumen, Gemüse, Obst und Kräutern freuen. Und gern meinen Rat einholen, damit es klappt, das mit dem Glück im Garten. In jedem Kapitel finden Sie eine dieser Fragen von zehn Moderatoren, und selbstverständlich meine Ratschläge dazu.

Ein Überblick über die natürlichen Jahreszeiten

Vorfrühling – entspricht in etwa Februar bis Ende März
Zeigerpflanzen:
Anfang: Blüte von Schneeglöckchen, Winterling und Haselnuss
Mitte: Blüte von Schwarzerle und Huflattich
Ende: Austrieb bei Stachelbeere, Blüte von Krokus, Kornelkirsche und Salweide
Weitere Zeiger der Natur: Rückkehr der Lerchen

Erstfrühling (Hochfrühling, Mittfrühling) – entspricht in etwa Ende März bis Mitte April
Zeigerpflanzen:
Anfang: Blüte von Forsythie und Buschwindröschen, Austrieb von Rosskastanie, Blattentfaltung bei Stachelbeere

Mitte: Blüte von Spitzahorn, Schlehe und Stachel-
beere, Blattentfaltung bei Rosskastanie, Birke,
Scheinerle und Eberesche
Ende: Blühbeginn bei Löwenzahn, Blüte von Roten
Johannisbeeren, Süßkirschen, Birnen und Eschen,
Blattentfaltung bei Rotbuchen und Rosskastanien
Weitere Zeiger der Natur: Rückkehr der Schwalben

Vollfrühling – entspricht in etwa Mitte April bis
Ende Mai
Zeigerpflanzen:
Anfang: Blühbeginn von Apfel, Flieder und Gold-
regen, Blattentfaltung bei Stieleichen und Eschen,
Vollblüte von Süßkirschen und Löwenzahn
Mitte: Blüte von Eberesche, Weißdorn, Vollblüte
beim Apfel, Blattaustrieb bei Weinreben
Ende: Blüte von Himbeere, Blühbeginn von Wiesen-
fuchsschwanz
Weitere Zeiger der Natur: Kuckuck ruft

Frühsommer – entspricht in etwa Ende Mai bis Ende
Juni
Zeigerpflanzen:
Anfang: Blüte von Schwarzem Holunder, Robinie,
Türken- und Klatschmohn, Hundsrose, Margerite,
Weißdorn, Wiesen-Fuchsschwanz
Mitte: Blüte von Liguster und Bauernjasmin *(Phil-
adelphus)*

Ende: Knospenbildung bei Sonnenblumen, Reife von frühen Erdbeeren und Süßkirschen
Hochsommer – entspricht in etwa Ende Juni bis Ende Juli
Zeigerpflanzen:
Anfang: Blüte von Sommerlinde, Lavendel, Madonnenlilie, Wegwarte, Wilder Möhre, Beifuß und Weintraube, Kartoffelblüte, Reife von Johannis- und Stachelbeeren
Mitte: Blüte von Winterlinde, Reife bei Süßkirschen
Ende: Blühbeginn beim Heidekraut, Reife von Sauerkirschen

Spätsommer – entspricht in etwa Anfang bis Ende August
Zeigerpflanzen:
Anfang: Vollblüte von Heidekraut, Blüte von Japananemonen, Reife bei Ebereschen und frühen Aprikosen
Mitte: Blüte von Goldrute, Reife früher Zwetschgen und Felsenbirnen
Weitere Zeiger der Natur: Wegzug der Lerchen

Frühherbst – entspricht in etwa Anfang bis Mitte September
Zeigerpflanzen:
Anfang: Blühbeginn bei Herbstzeitlose, Fruchtreife bei Holunder, Kornelkirsche, Weißdorn, Hundsrose, Brombeeren und ersten Birnen
Mitte: Fruchtreife von Birnen, Weißdorn

Ende: Fruchtreife später Zwetschgen

Weitere Zeiger der Natur: Wegzug der Schwalben

Vollherbst – entspricht in etwa Mitte September
bis Ende Oktober

Zeigerpflanzen:

Anfang: Fruchtreife bei Stieleiche, Rotbuche, Rosskastanie, Quitte, Walnuss

Mitte: Beginnende Blattfärbung bei Rosskastanie,
Rotbuche, Wildem Wein und Lärche, beginnender
Blattfall bei Süßkirsche und Zwetschge

Ende: Reife später Apfelsorten, Laubfall bei Rotbuche

Spätherbst – entspricht in etwa Mitte Oktober bis
Anfang Dezember

Zeigerpflanzen:

Anfang: Fruchtfall bei Stieleiche

Mitte: allgemeiner Laubfall

Ende: Ende des Laubfalls

Weitere Zeiger der Natur: Gehäuseschnecken
deckeln sich ein

Winter – entspricht in etwa Dezember bis Februar

Zeigerpflanzen:

Anfang: Laubfall bei späten Apfelsorten

Ende: Blüte von Zaubernuss und Winterjasmin,
Blühbeginn bei Hasel

Vorfrühling

Schneeglöckchenzeit

Die Saison im Garten wird eröffnet, sobald wärmende Sonnenstrahlen durch das noch kahle Geäst der Bäume hindurch den Boden erwärmen und erste Blüten ans Tageslicht locken. Schneeglöckchen, Märzenbecher und Winterlinge verkünden den Frühlingsbeginn, Hasel- und Weidenkätzchen geben ihren goldenen Blütenstaub dazu. Und überall zwischendrin tanzen Elfenkrokusse Ballett.

Noch ist es ein gewagtes Spiel, der Winter hat sich nur hinter die Büsche verzogen. Manchmal kommt der Vorfrühling schon mitten im Februar, in anderen Jahren erst tief im März. Im Flachland auf jeden Fall viel früher als in rauen Gebirgslagen. Trotzdem, welcher passionierte Gärtner kann jetzt noch warten? Es kribbelt doch schon seit Langem in allen Fingern.

Was schlägt die Erdenuhr?
Veilchenzeit, Veilchenzeit!
Die blauen Frühlingsaugen
schauen aus dem Gras hervor!

Bartholomäus Anglicus
(um 1190–1250)

Vorfrühlingsputz

Wenn etwas Neues beginnt, wird stets zuerst gründlich geputzt. Kehren Sie den Winter raus! Altes Laub, das noch auf Beeten liegt, wird abgerecht, damit der Boden sich gut erwärmen kann. Auch zwischen Stauden, auf Baumscheiben und in Hochbeeten gehören die Laubdecken, die den Winter über gewärmt haben, jetzt weggenommen. Das ausgediente Laub kommt am besten in einer stillen Ecke auf einen eigenen Komposthaufen, gemischt mit grob zerkleinertem Schnittgut und etwas Steinmehl sowie Hornspänen. So verrottet es bald zu wertvollem Laubhumus.

Rasen abrechen

Wenn man gleichzeitig auf drei Gänseblümchen treten kann, ist der Frühling eingekehrt, heißt es. Auf vielen Rasenflächen blühen die Gänseblümchen dicht an dicht – das Gras wächst bereits. Rechen Sie den Rasen kräftig durch, um alte Gräser zu entfernen und das Grün zu belüften. So kurbelt man das Wachstum an. Dabei hilft auch eine erste Düngung, die Gräser brauchen jetzt zum Saisonstart Nahrung. Vertikutieren und Nachsäen kommt dagegen erst später.

Beete vorbereiten

Wo der Boden offen, also von der Sonne gewärmt wird, nicht mehr in der Tiefe gefroren und abgetrocknet ist, kann die Vorbereitung für die Aussaat und Bepflanzung erfolgen. Ideal zur Lockerung, zur Vordüngung und zur Humusanreicherung ist es, wenn man mit einem Kultivator, Sauzahn oder Krail die Bodenoberfläche mehrmals

gut belüftet. Dabei auch gleich Unkraut entfernen. Falls nötig, kann Dünger oder Bodenverbesserungsmittel, zum Beispiel Kompost, mit eingearbeitet werden.

> ### »Betrete nie das Gartenland, solange die Erde an deinen Schuhen kleben bleibt.«
>
> Stimmt. Vor allem jetzt sollte man sich daran halten. Oft bleibt der Boden nach strengen Frostperioden in der Tiefe noch lange gefroren. Die Krume ist noch sehr nass. Jetzt schadet eine Bearbeitung der Beete mehr als dass sie nutzt. Dafür gibt es eine weitere Gartenweisheit: »Säst du im März zu früh, ist's oft vergeb'ne Müh!« Die Sonne muss die Erde erst richtig aufwärmen, eine laue Erstfrühlingsluft die Oberfläche abtrocknen, bevor man mit der Bestellung der Beete beginnen kann.

Kompost ausbringen

Läuft Ihr Komposthaufen über? Dann können Sie halbreifen, also noch nicht voll durchgerotteten Kompost jetzt auf die Beete ausbringen. Werfen Sie den Kompost durch ein weites Maschensieb, um grobe Bestandteile wie Äste oder Wurzeln herauszulesen. Dann wird der Kompost, in dem noch Strukturen erkennbar sind, 2 bis 3 Zentimeter dick verteilt und leicht in den Boden eingearbeitet. Er setzt sich an Ort und Stelle innerhalb der nächsten Wochen um – das Beet ist dann fix und fertig vorgedüngt für die Bestellung.

Zur Saat alles parat

»Siehst du im März gelbe Blumen blühen, magst du getrost deinen Samen streuen.« Die gelben Blüten des Huflattichs zeigen an, dass sich der Boden ausreichend erwärmt hat und man mit der Aussaat robuster Gartenpflanzen im Freien beginnen kann. Dicke Bohnen und Erbsen sollten sogar sehr früh gesät werden, damit sie von Schädlingen und Krankheiten verschont bleiben. Unter Vlies klappt die Keimung bestens. Auch Möhren, Pastinaken, Mairüben und Steckzwiebeln kommen bereits in den Boden. Radieschen, Rettiche und frühe Salate kann man schon unterm Folientunnel aussäen.

Die Tage sind wieder lang genug, dass Wärme liebende Gemüse mit langer Entwicklungszeit wie Paprika, Auberginen, Kürbisse und Gurken, aber auch Kohlrabi, Lauch und Salate sich auf der Fensterbank vorziehen lassen. Erste Sommerblumen dürfen ebenfalls in die Anzuchterde.

Keimprobe

Taugt das Saatgut aus alten Beständen noch? Das lässt sich leicht mit einer Keimprobe testen. Ein paar Samen dafür in einem tiefen Teller auf feuchtes Küchenpapier betten, den Teller mit Klarsichtfolie überspannen. Warm aufstellen, ab und zu lüften, nicht austrocknen lassen. Je nach Keimdauer der Saat erscheinen nach wenigen Tagen bis 3 Wochen die feinen Sämlingswurzeln. Wenn die Hälfte der Samen noch keimt, können Sie das Saatgut noch verwenden, säen Sie dann einfach etwas dichter als gewohnt. Geht weniger als die Hälfte der Samen auf, lohnt sich die Aussaat kaum mehr.

Saaten fürs Gewächshaus

Wer Tomaten und Paprika im Gewächshaus ziehen will, der kann bereits mit der Aussaat dieser Gemüse beginnen. Immerhin liegt die durchschnittliche Keimdauer bei 2 bis 3 Wochen, dann sind noch einmal 2 oder 3 Wochen Entwicklungszeit zu rechnen. Ab April können die Pflanzen dann umgesiedelt werden. Für die Freilandkultur sollte man dagegen besser noch warten, sonst müssen die Tomaten allzu lange, nämlich bis Mai, auf der Fensterbank gezogen werden. Spätere Anzucht holen die Freilandsorten schnell wieder auf, die Pflanzen werden kräftig und bleiben gesund.

Sträucherputz

Wo halbstrauchige Kräuter wie Lavendel, Ysop, Bohnenkraut und Gartengehölze wie Sommerflieder oder Bartblume einen Rückschnitt brauchen, lässt sich, wie auch bei allen anderen Sträuchern, mit der Kratzprobe prüfen, wie weit die Triebe zurückgefroren sind. Einfach an einer kleinen Stelle mit dem Fingernagel oder dem Messerrücken ein wenig Rinde abschaben. Ist es darunter grün und saftig, lebt der Zweig und wird wieder austreiben.

Rosen kann man zwar jetzt pflanzen, aber mit dem Rückschnitt sollte man unbedingt noch warten – bis die Forsythien blühen. Ein strenger Nachtfrost könnte sonst die frisch gekürzten Rosentriebe nochmals erwischen und ziemlichen Schaden anrichten. Rosenhochstämme, die noch mit Winterschutzmaterial umhüllt sind, sollten ganz allmählich aus ihren wärmenden Mänteln geschält werden.

Bei Bauernhortensien schneiden Sie die alten Blütenstände weg, schonen aber dabei die neuen, schon an-

schwellenden Knospen an den Trieben des Vorjahrs –
denn daraus entstehen neue Blüten. Diese Knospen sind
sehr empfindlich für krasse Temperaturwechsel und späte
Nachtfröste, schützen Sie die Büsche deshalb durch Überlegen von Vlies gegen starke Sonneneinstrahlung sowie in
kalten Nächten.

*Ein heiterer März
erfreut des Gärtners Herz.*

Stängelputz

Die warmen Tage lassen alles sprießen, auch die Gräser
und Stauden treiben schon. Damit die frischen Schösslinge ungehindert wachsen können, müssen jetzt die alten
Stängel und Halme weg. Schneiden Sie die vertrockneten,
dürren Reste von Phlox, Astern, Ziergräsern und allen anderen eine Handbreit über dem Boden weg. Zerkleinert
dürfen die Schnittreste zum Kompost, eignen sich aber
auch als Mulchmaterial.

Bitte liegen lassen

Gerade jetzt, wo noch kaum etwas sprießt und der Wind
die alten Blätter weggeblasen hat, findet man im Garten häufig viele leere Schneckenhäuser. Die sind oft nur
scheinbar leer, denn sie werden von vielen Tieren als Winterquartier oder Wohnung genutzt. Die Larven von Glüh-
würmchen oder Schneckenhaus-Nistkäfer etwa hausen
darin, beide sehr erfolgreiche Schneckenvertilger. Auch
Mauerbienen und Spinnen nutzen die Häuschen ebenfalls
gerne, sie betätigen sich als wertvolle Gartenhelfer bei der
Schädlingsbekämpfung. Also lassen Sie die Schneckenhäuser unbedingt in Ihrem Garten liegen.

Erfolgreich jäten

Brennnesselwurzeln lassen sich zum Ende des Winters leicht entfernen. Sie wurzeln meistens nicht besonders tief, deshalb kann man sie ganz gut aus dem Boden herausziehen, wenn dieser vom Frost mürbe geworden und wieder aufgetaut ist. Stechen Sie zunächst mit einer Grabgabel über die Fläche verteilt in die Erde, bewegen Sie den Stiel jeweils ein paar Mal vor und zurück, um die Brennnesseln zu lockern. Packen Sie die alten Stängel knapp über dem Boden und ziehen Sie langsam und behutsam daran. Sie werden nahezu alle Wurzelstränge entfernen können.

Wenn's erst einmal Josefi (19. März) ist,
so endet auch der Winter gewiss.

Frisches Grün von der Fensterbank

Wolfgang Schneider: »Draußen im Garten blüht schon was, da wächst in mir der Appetit auf frisches Grün. Nur leider gibt es noch keinen zarten Salat und keine knackigen Kohlrabi zu ernten. Karin, kannst du nicht was Grünes für die Küche zaubern?«

»Da geht es dir wie vielen, lieber Wolfgang. In keiner anderen Jahreszeit ist der Hunger auf frisches Grün größer! Doch der lässt sich leicht stillen, selbst wenn es draußen noch kühl ist. Die Fensterbank hält als Gartenersatz her, wo sich ganz schnell Keimlinge und Sprossen ziehen lassen, die vor Vitaminen, Mineralien und Vitalstoffen nur so strotzen.«

Keimling, Sprosse oder Sprössling?

In jedem Samenkorn ist Pflanzennachwuchs verborgen. Wird es warm und feucht, erwacht es zum Leben und – keimt. Das Samenkorn quillt auf, die Samenschale platzt, ein Würzelchen bricht durch. Fertig ist der Keimling. Alfalfa, Brokkoli, Linsen, Mungobohnen, Adzukibohnen, Kichererbsen, Bockshornklee und viele weitere Saaten werden in diesem Stadium als äußerst gesunde und knackige Delikatessen geschätzt.

Schnell wächst der Keimling weiter, wenn es nur schön hell, warm und feucht ist. Es treiben zwei (bei Gräsern nur eines) kleine grüne Blättchen, die einfach rund bis eiförmig geformt sind. In diesem Zustand spricht man von Sprossen, zum Beispiel Sojasprossen, das sind gekeimte und bereits etwas ausgetriebene Mungobohnen.

Noch eine Weile später erscheinen die ersten richtigen Laubblätter. Das Würzelchen ist in die Tiefe vorgedrungen, hat sich verzweigt und fest in der Erde verankert. Dieser Pflanzensprössling wird nun gemeinhin umgetopft (pikiert), wenn man daraus eine richtige Gartenpflanze ziehen will. Oder aber abgeschnitten und gegessen, als sogenanntes Grünkraut. Bekanntester Vertreter ist die Kresse, es eignen sich aber ebenso Radieschen, Rettich, Senf, Rucola, Basilikum oder Erbsen dazu.

Leicht zu ziehen

Für Keimlinge und Sprossen nimmt man ein Einmach- oder Gurkenglas und durchlöchert mehrfach den Deckel (z.B. mit Lochstecher für Konservendosen) oder überspannt das Glas mit einem Stück Nylonstrumpf, Netzgewebe oder Fliegengaze. Keimgläser gibt es mit aufschraubbarem Siebdeckel aber auch zu kaufen. Professionell lassen

sich Sprossen mit einem Keimapparat oder Sprossenturm gleich auf mehreren Etagen ziehen.

Ins Glas gibt man eine kleine Menge Samen (pro Glas etwa 1 bis 3 Esslöffel, je nach Größe der Samen). Sie sollten höchstens den Boden bedecken. Dann wird mit lauwarmem Wasser aufgefüllt, worin man die Samen mehrere Stunden einweichen lässt. Anschließend wird das Glas schräg in den Ausguss gestellt, damit das Wasser ablaufen kann. Ist alles heraus, kommt das Glas richtig herum an einen warmen Ort. Täglich zweimal spült man die Samen auf diese Weise mit frischem Wasser durch und lässt wieder gut abtropfen. Nach zwei oder drei Tagen, je nach Art auch erst nach einer Woche erscheinen die Keimwurzeln – fertig ist die erste Keimlingsernte.

Für Grünkraut sät man die Samen wie gewohnt in Anzuchterde (Kresse kann man sogar auf Küchenpapier antreiben) und drückt sie sanft fest. Als Gefäße eignen sich etwa Plastikschälchen, in denen Gemüse verkauft wird. Die Saat wird angefeuchtet und mit Klarsichtfolie überspannt. Hell und warm aufgestellt, bei Bedarf befeuchtet, wachsen innerhalb weniger Tage frische Jungpflanzen heran, die man einfach mit der Schere ernten kann.

Darauf müssen Sie achten

Verwenden Sie nur unbehandeltes Saatgut, eigens zur Keimlingszucht ausgewiesen, vorzugsweise Bio-Qualität. Oft werden gewöhnliche Samen in Beizen mit Pflanzenschutzmitteln getaucht, diese bauen sich in der kurzen Kulturzeit nicht ab. Achten Sie auf Sauberkeit, damit nichts schimmelt. Es darf nie Nässe im Glas stehen, sonst entsteht Fäulnis – spürbar durch muffigen oder stark säuerlichen Geruch. Dann einfach von Neuem beginnen!

Erstfrühling

Forsythienblüte

Die Natur ist endgültig erwacht, das Wachstum ist nicht mehr zu bremsen. Goldgelb leuchten überall die Forsythien, tupfen Löwenzahnblüten die Wiesen. An den Zweigen der Stachel- und Johannisbeeren treiben die Blätter, beim Spitzahorn ganze Blütensträuße. Immer wieder eines der faszinierendsten Schauspiele: die Rosskastanien entfalten ihre handförmigen Blätter und stecken sich ihre Blütenkerzen auf.

Mitten im Frühling, das ist nach dem Kalender meist Mitte März bis Mitte April, muss man sich ums Wachsen kümmern Der Beginn dieser Jahreszeit fällt also oft mit dem kalendarischen Frühlingsbeginn zusammen. Jetzt bekommt man im Garten reichlich zu tun – Säen steht an.

Was der Frühling nicht sät,
kann der Sommer nicht reifen,
der Herbst nicht ernten,
der Winter nicht genießen.

Johann Gottfried von Herder
(1744–1803)

... Gertraud (17. Mörz) den Garten baut.

Kräftige Tomatensetzlinge

Tomaten muss man vorziehen, nicht zu früh und nicht zu spät. Im Erstfrühling ist die beste Zeit dazu. Aus den Samen wachsen rasch kompakte Pflanzen heran, die ab Mitte Mai dann ins Freie dürfen. Streuen Sie die feinen Samen zu zweit oder zu dritt in Töpfchen mit Aussaaterde, drücken Sie sie mit einem Brettchen oder Löffel an und decken Sie sie nur leicht mit Erde ab. Sorgfältig besprühen, um die Erde zu befeuchten, ohne die Samen zu verschwemmen, hell und warm aufstellen – am besten in einem Minigewächshaus. Sind die Sämlinge etwa 10 Zentimeter lang, einzeln in Töpfe verpflanzen. Setzen Sie die Jungpflanzen dabei tiefer, bis zum Blattansatz, so bilden die Stängel viele Seitenwurzeln. Die Tomaten wachsen dann viel besser und werden standfester. Gesät werden auch Paprika, Peperoni, Auberginen.

So klappt's mit Petersilie

Petersilie muss erst siebenmal nach Rom zum Papst, um nach Erlaubnis zum Keimen zu fragen, bis sie aufgeht – so die Gärtnerweisheit. Manchmal ist es wirklich eine Krux mit der Saat. Auf leichtem, sandigem Boden, der sich schon gut erwärmt hat, können Sie Petersilie jetzt aber gut säen. Die Samen dürfen nur dünn mit Erde bedeckt werden, bis zur Keimung vergehen durchaus vier Wochen und mehr. Sorgen Sie für milde Wärme (15 °C) und halten Sie die Erde nur ganz leicht feucht – bei zu viel Nässe und Kälte verfault der Samen sonst. Ist Ihr Gartenboden schwer und kalt, bleibt er lange nass, sollten Sie das beliebte Küchengewürz lieber in Gefäßen vorziehen.

Allzeit Salat

Appetit auf frischen Gartensalat? Dann ziehen Sie doch flugs Pflücksalat an. Im Frühbeet oder Gewächshaus kann frisches Blattwerk bereits nach wenigen Wochen geerntet werden, im Freien zieht man den Salat jetzt unter Folientunnel oder Vlies. Aber es funktioniert auch in einer kleinen Obstkiste, etwa auf dem Balkon. Kiste mit Folie ausschlagen, Erde einfüllen, Oberfläche glätten. Saatrillen ziehen, Samen streuen, abdecken. Feucht halten und warm und hell aufstellen.

Bunte Blütenfreuden

Im Erstfrühling können robuste Sommerblumen direkt ins Freie aufs Beet oder in Gefäße gesät werden, beispielsweise Ringelblumen, Kornblumen, Klatschmohn, Malven, Mädchenaugen, Levkojen, Jungfer im Grünen oder Lein. Für eine bunte Rabatte oder farbenfrohe Blumenkästen eignen sich Samenmischungen sehr gut. Streuen Sie die Samen aber sehr breit – nur so haben alle Pflanzen später Platz, um sich optimal zu entwickeln und blühen zu können. Decken Sie die Saat mit Vlies ab. Erstens hält das feucht und warm, zweitens schützt es auch vor Vogelfraß.

Schutz vor nächtlicher Kälte

Unter der Kälte leiden am meisten alle jungen Pflanzen, also Sämlinge und Setzlinge. Decken Sie frisch eingesäte Beete mit Vlies oder Lochfolie ab. Über Setzlinge von Salat, junge Kräuter oder frisch gesetzte Stauden können Sie nachts Tontöpfe stülpen, die halten Frost zuverlässig fern. Für Gemüse und Kräuter empfehlen sich Treibglocken oder Cloches, das sind große glockenförmige Gefäße aus Glas beziehungsweise durchsichtigem Kunststoff.

Häufchen für Häufchen

Ebnen Sie Maulwurfshaufen konsequent, möglichst direkt nach dem Aufwerfen, wieder ein – das stört die Maulwürfe, oft ziehen sie aus dem Garten aus. Die Erde wird mit dem Rechen dünn über den Rasen verteilt, am Gang selbst tritt man den Boden gut fest. Maulwurfshaufenerde ist besonders locker und feinkrümelig – daher ideal zur Bodenverbesserung im Anzuchtbeet oder zum Füllen von Kübeln geeignet.

Rasenkur

Weg mit dem Filz! Bearbeiten Sie Ihren Rasen mit dem Rechen, kämmen Sie die Grasfläche gründlich aus. Dazu die Fläche über Kreuz abrechen, um alte Grasreste und Moos zu lösen. Wurzelunkräuter wie Löwenzahn und Disteln ausstechen.

Rasen düngen

Nach dem Winter braucht der Rasen viele Nährstoffe, damit die Gräser zügig wachsen und einen dichten, sattgrünen Teppich bilden. Wo das Gras gut gedeiht, kann sich kaum Moos breit machen. Ist Ihre Grünfläche stark von Klee durchzogen, zeigt das oft Nährstoffmangel an. Verwenden Sie einen speziellen Langzeitdünger für Rasen, der enthält reichlich Stickstoff, aber weniger Phosphor und Kalium. Auch reifer, gut gesiebter Kompost ist bestens geeignet. Überziehen Sie den Rasen ganz dünn damit. Regenwürmer arbeiten den Kompost dann rasch in die Erde ein. Für Rasen ungeeignet sind Blaukorn und ähnliche Sofortdünger, weil sie zu viel Kalium enthalten, was das Graswachstum eher bremst, dafür Blütenbildung bei Unkräutern fördert.

Wenn der Tiburtius (14. April) schellt,
dann grünt der Garten und das Feld.

Wenn die Forsythien blühen...

...werden die Rosen geschnitten! Viele Rosen haben schon kräftige Blättchen, trotzdem müssen Sie beherzt zur Schere greifen, zumindest bei Beet- und Zwergrosen. Erfrorenes wird entfernt, besser noch ein Stück tiefer schneiden – und immer knapp über einer vitalen Knospe. Kürzen Sie die Zweige auf 3 bis 5 Augen ein, dann treiben schnell prächtige Blütentriebe. Bei Strauch- und Kletterrosen nimmt man nur erfrorene und überalterte Teile weg. Denken Sie daran, möglichst viele Triebe waagrecht zu leiten, damit besonders reich Blüten angesetzt werden. Eine Düngung mit Beinwellbrühe tut den Rosen gut und fördert den Blütenansatz. Dazu pro Rose 50 Gramm Beinwellkraut samt Wurzeln mit einem Liter kochendem Wasser überbrühen, ziehen lassen und nach dem Erkalten den Sud samt der Beinwellreste rund um die Rose auf dem Boden verteilen.

Rosen stärken

Machen Sie Ihre Rosen fit für einen blütenreichen Sommer ohne Läuse und Mehltau. Beginnen Sie frühzeitig, die Sträucher mit Stärkungsmitteln zu versorgen, bevor die Schädlinge aktiv werden.

Bestäuben Sie die Rosen hauchfein mit Gesteinsmehl oder Algenkalk. Übersprühen Sie die Rosen dann alle zwei Wochen mit Lavendelöl-Lösung (10 Tropfen Lavendelöl in 1 Liter kalkfreiem Wasser gründlich verschütteln). Ebenso zur Stärkung geeignet sind Schachtelhalmbrühe (50 Gramm trockenes Schachtelhalmkraut mit 1 Liter heißem Wasser überbrühen, erkalten lassen, absieben) oder Knoblauchtee (1 Knoblauchknolle grob hacken, mit 2 Liter heißem Wasser überbrühen, 10 Minuten ziehen lassen, absieben und erkaltet anwenden).

»Was frisst die Maus, schlägt wieder. Was frisst der Schneck, bleibt ewig nieder.« Stimmt nicht ganz, die alte Gärtnerregel. Feldmäuse nagen gern mal an Blumenzwiebeln oder Gemüsewurzeln, der Schaden hält sich meist in Grenzen. Wenn echte Wühlmäuse (Schermäuse) die Wurzeln eines jungen Obstbaums abknabbern, geht der unweigerlich zugrunde – die Wurzeln schlagen eben nicht wieder aus. Und Schnecken? Fressen in einer Nacht ein ganzes Beet voller junger Salatpflanzen kahl. Ratzeputz. Und die kommen wirklich nicht wieder. Gehäuseschnecken allerdings raspeln nur ein wenig, das verkraften die meisten Pflanzen.

Ziergräser und Stauden schneiden

Chinaschilf, Reitgras, Zebraschilf und andere Ziergräser, deren Wedel den Winter über für Zierde gesorgt haben, sollten Sie jetzt zurückschneiden. Schonen Sie aber die frischen Halme und Blätter, die sich schon zwischen den alten Halmen emporschieben. Die alten Grashalme eignen sich optimal als Abdeckung für Kompost oder gebündelt als Unterschlupf für Nützlinge. Zurückgeschnitten werden alle Stauden, die den Winter über stehen geblieben sind, zum Beispiel Phlox, Fetthenne oder Astern. Auch hier auf den Jungtrieb aufpassen.

Von wegen Unkraut

Achim Zeppenfeld: »Rasen gemäht, Beet vorbereitet, Terrasse gekehrt – was kommt da zum Vorschein? Unkraut allerorten. Ist lästig. Und wie werde ich das wieder los?«

»Indem du hartnäckiger bleibst als die unerwünschten Kräuter, Achim. Löwenzahn, Disteln, Winden, Vogelmiere, Hornsauerklee, Franzosenkraut, die wollen eben gejätet werden. Eins ist für einen gesunden Garten immer wichtig: die Bekämpfung erfolgt mechanisch – niemals mit Chemie. Vielleicht kann ich dir das eine oder andere Unkraut aber auch irgendwie noch schmackhaft machen.«

*Der April macht die Blum'
und der Mai hat den Ruhm.*

Unkraut im Rasen

Machen sich Löwenzahn und Konsorten im Gräsergrün breit, rücken Sie den Wurzelunkräutern mit einem Unkrautstecher zu Leibe. Am besten gelingt dies, wenn der Boden nicht zu trocken und nicht zu nass ist. Im einfachsten Fall reicht dafür ein schmales, starkes Messer. Das erfordert zwar gebückte Haltung und Kraftaufwand, ist aber immer sehr erfolgreich.

Wer schon dabei ist, Löwenzahn auszustechen, kann gleich die Wurzeln sammeln. Sie lassen sich auf mancherlei Weise nutzen: Löwenzahnwurzeln zerkleinert und mit Regenwasser verjaucht sind hervorragender Dünger für

Obstbäume und Beerensträucher. Löwenzahnwurzeln ergeben den besten Köder für Wühlmausfallen. Aus gesäuberten, klein geschnittenen und im Ofen bei 200 °C dunkelbraun gerösteten, dann gemahlenen Löwenzahnwurzeln wird ein köstlicher Kaffee aufgebrüht – Blümchenkaffee mit besonderem gesundheitlichem Wert (ist sehr magenfreundlich und wirkt leicht wassertreibend).

Unkraut in Beeten

Ein überaus lästiges Wurzelunkraut in Beeten ist die Winde. Sie auszustechen kommt einer Sisyphusarbeit gleich. Jedes Stückchen ihrer weißlichen Wurzeln, das abreißt und im Boden verbleibt, treibt wieder aus. Nach meiner Erfahrung ist es besser, stets nur die oberirdischen Teile abzuschneiden – dies jedoch energisch, regelmäßig und mit großer Ausdauer. Wird die Winde nämlich immer wieder ihrer Triebe und Blätter beraubt, hungert sie dabei aus. Die Wurzeln verbrauchen all ihre Kraft für neues Wachstum, können aber nichts mehr speichern, es fehlen ihnen die grünen Blätter.

Unkraut zwischen Stauden

Der Giersch mogelt sich gern zwischen große Beetstauden, macht sich dort überall breit und kann durch Zupfen kaum beseitigt werden. Also führt man besser eine Radikalkur durch. Stauden herausholen, dabei gleich teilen – dann blühen sie ohnehin viel besser – und sämtliche Unkrautwurzeln aus den Wurzelballen herausziehen. Erde gleich noch sieben, dabei alle Gierschreste entfernen. In der lockeren Erde wachsen die Stauden optimal weiter.

Und wenn man das Beet ohnehin frisch anlegt, pflanzen Sie doch einfach erst mal Kartoffeln. Die zehren dem

Giersch die Nährstoffe weg. Sprießen dann immer noch ein paar Blättchen Giersch, nutzen Sie die wie unsere Vorfahren. Als Spinatersatz, im Salat oder als Pesto sind zarte Gierschblätter eine Delikatesse.

Brennnessel – mehr Nutzkraut als Unkraut

Wenn sich Brennnesseln auch nicht gerade durch leuchtende Blüten oder saftige Früchte hervortun und im gepflegten Garten eher verpönt sind, haben sie doch ihre Werte. Wer Schmetterlinge liebt, muss auch Brennnesseln dulden. Viele bunte Falter brauchen Brennnesseln, insbesondere ihre Raupen, denn die fressen an den Blättern. Admiral und Kleiner Fuchs etwa sind ganz und gar auf die Nesseln angewiesen, aber auch Tagpfauenauge, Brauner Bär, Distelfalter, Kaisermantel und viele andere schätzen die nahrhaften Pflanzen. Lassen Sie doch ein paar Brennnesseln stehen, in einer ungestörten Gartenecke – es lohnt sich! Außerdem: Brennnesseljauche ist das Beste, was Sie Ihren Tomaten gönnen können.

Vollfrühling

Apfelblütenduft

Im Düfterausch feiert der Vollfrühling sein Blütenfest. Apfel- und Kirschbäume tragen ein weißes Kleid, der Flieder lockt in Lila. Tannen und Fichten treiben grüne Spitzen, schon blühen Weiß- und Rotdorn. Maiglöckchen duften und Bärlauchblüten locken.

Es gibt kein Halten mehr, alles wächst rasend schnell, das merkt man am besten beim Rasen. Von Mitte April bis Ende Mai, manchmal auch kürzer, läuft der Frühling auf Hochtouren. Im Garten scheint einem jetzt alles zu gelingen, wären da nicht die Eisheiligen.

Mein Garten

Jeden Morgen in meinem Garten
öffnen neue Blüten sich dem Tag.
Überall ein heimliches Erwarten,
das nun länger nicht mehr zögern mag.
Die Lenzgestalt der Natur ist doch wunderschön,
wenn der Dornbusch blüht und die Erde
mit Gras und Blumen prangert.

Matthias Claudius
(1740–1815)

*Auf St. Georgs (23. April) Güte
steh'n alle Bäum' in Blüte.*

Zeit zum Pflanzen

Die Kirschblüte ist das Signal, dass Zwiebel- und Knollenpflanzen wie Lilien, Sterngladiolen, Sommerhyazinthen, Hakenlilie, Prachtscharte oder Klebschwertel, die im Sommer und Herbst blühen, in den Boden gehören. Beim Gemüse sind Meerrettich, Knoblauch, Kohlrabi, frühe Kohlsorten, Eissalat und Sommerporree an der Reihe, nicht zu vergessen die Kräuter ins Beet zu setzen. Zugleich ist Pflanzzeit für Bäume und Sträucher, Rosen und Kletterpflanzen.

Dahlien pflanzen

Möchten Sie schon besonders früh die Blütenpracht von Dahlien im Garten haben, müssen Sie jetzt die Knollen in den Boden bringen. Pflanzen Sie nur prall-saftige und gesunde Knollen. Die kommen so tief in die Erde, dass ihre Oberseite etwa eine Handbreit unter der Oberfläche liegt. Um das Anwachsen zu erleichtern, wird der Boden vorher gründlich aufgelockert und die Aushuberde mit reifem Kompost oder mit einem anderen organischen Volldünger (z.B. Hornspäne) angereichert. Stäuben Sie noch ein wenig Gesteinsmehl oder Algenkalk dazu. Und gleich einen stabilen Stab neben jeder Knolle in den Boden schlagen, an dem die Pflanzenbüsche später aufgebunden werden.

Zwiebelblumen pflegen

Damit Narzissen, Tulpen und andere Zwiebelblüher auch im kommenden Jahr wieder schöne Blüten treiben, müssen die diesjährigen Blüten nach dem Verwelken entfernt

werden: Einfach die Blütenköpfe samt einem Stück Stiel abschneiden. So wird verhindert, dass sich Früchte bilden. Das würde die Pflanzen viel Kraft kosten, die dann zum frischen Blütenansatz fehlt. Die Blätter der Zwiebelblumen müssen unbedingt bleiben! Mit ihnen sammeln die Pflanzen Energie, die sie in die Zwiebeln stecken. Jetzt wirkt auch eine Düngung am besten, dazu eignet sich ein Flüssigdünger gut, ebenso Brennnesselbrühe (500 Gramm frisches, grob geschnittenes Brennnesselkraut mit 5 Liter Wasser über Nacht einweichen, einmal aufkochen, erkalten lassen, absieben und als Dünger unverdünnt gießen).

»Treibt die Esche vor der Eiche,
gibt's im Sommer große Bleiche.
Grünt die Eiche vor der Esche,
hält der Sommer große Wäsche.«

Stauden stützen

Hoch wachsende Stauden wie Rittersporn, Astern, Margeriten, Sonnenhut, Sonnenbraut oder Phlox sollten Sie bereits jetzt mit einem Stützgerüst versehen, obwohl die Triebe noch gar nicht so lang sind. Dazu einfach mehrere Stützstäbe rund um jede Staude in den Boden stecken und mit einer Schnur rundherum verbinden. Vorteil dieser frühzeitigen Maßnahme: die Stauden finden rechtzeitig Halt, sie überwachsen die Stütze, sodass diese bald gar nicht mehr auffällt – und wirken so besonders prächtig.

Bohnen säen

Sobald Rosskastanien blühen, können Bohnen gesät werden. Weicht man die Kerne vorher eine Nacht lang in Wasser oder kaltem Kamillentee ein, beschleunigt das die

Keimung. Legen Sie je 5 bis 7 Körner in flache Mulden, zwischen denen bei Buschbohnen etwa 40 Zentimeter, bei Stangenbohnen mindestens 60 Zentimeter Abstand sein sollte. Buschbohnen können auch in Reihen ausgesät werden, die Pflanzen stützen sich dann gegenseitig. Bohnen sollen die Kirchenglocken läuten hören, die Samen dürfen nur etwa 2 Zentimeter tief in den Boden – sonst gehen sie nicht auf.

Hortensien schön blau

Sehr beliebt zum Schenken, ob zu Muttertag oder anderen Familienfesten: Hortensien in Weiß, Rosa und Blau. Sie können als Kübelpflanzen weiter gepflegt oder in den Garten ausgepflanzt werden. Ein halbschattiger, geschützter (Vorsicht vor Nachtfrösten, unbedingt in Vlies einpacken!) Platz ist wichtig, dazu lockere, humose Erde. Obwohl Hortensien auch Wasserbüsche heißen und als besonders durstig gelten, sollte man sie nie zu stark wässern – das quittieren sie mit sich gelb verfärbenden Blättern. Zwischen den Gießgaben muss die Erde erst wieder gut abtrocknen. Damit blaue Hortensien blau bleiben, sollten Sie speziellen Hortensiendünger verwenden oder einen Trick anwenden: Gießwasser mit 5 Gramm Alaunsalz (aus der Apotheke) pro Liter mischen und damit wässern. Blau färben lassen sich nur blaue und rosafarbene Hortensien, weiße bleiben dagegen stets weiß.

Frühlingsgetier

Kaum wird es warm, regt sich Leben. Nicht nur die Pflanzen wachsen, auch die ersten Läuse machen sich schon auf. Geraten Sie beim Anblick von Blattlauskolonien nicht gleich in Panik. Sorgen Sie besser vor, indem

Sie sich Nützlinge dienstbar machen: Schwebfliegen etwa, deren Larven erstaunlich viele Läuse vertilgen. Diese schwarz-gelb gestreiften Insekten, die ähnlich Kolibris den Schwirrflug beherrschen, lieben Doldengewächse wie Dill, Kerbel, Fenchel, Koriander, Liebstöckel, Pastinaken, Möhren oder Engelwurz. Deren Blüten liefern reichlich Nektar und locken die Schwebfliegen herbei. Lassen Sie ein paar dieser Gewürz- und Gemüsepflanzen zur Blüte kommen, oder pflanzen Sie gezielt Zierarten wie Knorpelmöhre, Sterndolde, Bronzefenchel oder den König der Doldenblütler, die Himalaja-Silge.

Erdbeeren mulchen

Die Vorfreude auf sonnig-süße Früchtchen steigt! Ab dem Frühsommer reifen die zeitigen Sorten. Eine gute Gabe Kompost erhöht den Humusgehalt und liefert Nährstoffe nach, das unterstützt reichen Blütenansatz. Damit die Früchte sich optimal entwickeln können, sollte man die Beete jetzt mulchen. Stroh oder Holzhäcksel eignen sich dafür, aber auch Chinaschilf oder Staudenreste sowie große Blätter, etwa vom Rhabarber.

Pankraz, Servaz, Bonifazi (12.–14. Mai),
das sind erst drei Lumpazi.
Die kalt' Sophie (15. Mai), die bringt zum Schluss,
ganz gern noch einen Regenguss.

Alles groß macht der Mai

Nach der traditionellen Regel »Im April wächst's wann's will, im Mai kommts glei'!« kann man zum Ende des Vollfrühlings alles säen, pflanzen, stecken. Dank der milden Witterung gedeihen Gemüse und Blumen optimal, selbst empfindliche Arten wie Tomaten und Geranien oder Dahlien. Schwierig wird es nur, wenn gleichzeitig auch Trockenheit herrscht. Jungpflanzen brauchen regelmäßig Wassergaben. Immer noch am effektivsten ist das gezielte Gießen mit der Gießkanne, am besten mit bereits erwärmtem Regenwasser.

Salat muss im Wind wehen!

Wenn Sie vorgezogene Salatsetzlinge pflanzen, müssen Sie diese Regel beachten: Die zarten Blätter dürfen nicht in die Erde kommen, sondern sollen frei »im Wind wehen«. Setzen Sie die Salatpflänzchen ebenso tief ins Beet, wie sie vorher im Anzuchttöpfchen oder im gepressten Erdballen standen. Nur dann wächst der Salat zügig weiter, die Blätter faulen nicht.

Große Krabbelei

Auf den kugeligen Blütenknospen der Pfingstrosen sieht man immer wieder Ameisen krabbeln. Doch keine Angst, die Ameisen lecken nur den süßen Zuckersaft auf, den die Pfingstrosen an feinen Härchen ihrer Knospen ausscheiden. Es ist keine Blattlausplage zu befürchten. Anders liegen die Dinge bei Obstbäumen: Wenn hier Ameisen geschäftig den Stamm auf und ab laufen, dann gehen sie zu ihren Melkkühen, den Blattläusen. An den jungen Trieben, Blättern und Blüten werden Sie sicher Läuse finden. Bringen Sie frische Leimringe an. So können die Ameisen die Blattläuse nicht weiter verteidigen und verbreiten. Meistens erledigen Meisen und andere Nützlinge rasch den Rest und dezimieren die Blattläuse.

Rasen, Rasen, Rasen

Uwe Erdelt: »Mein Haus, mein Garten, und erst mein Rasen – mein ganzer Stolz! Makellos muss er ja nicht sein, der Rasen, aber schön grün und dicht sollte er sein. Häufig mähen muss ich, das ist klar. Aber was sonst noch?«

»Je grüner und dichter dein Rasenteppich sein soll, Uwe, desto mehr musst du dich um deine Grünfläche rund ums Haus kümmern. Außerdem soll der Rasen auch einiges aushalten, ein bisschen Fußball mit den Kindern, eine Grillparty, eine sommerliche Hitzewelle. Dafür muss er gut gepflegt werden.«

Mähen oder Mulchmähen

Je häufiger Sie mähen, desto dichter wachsen die Grashalme nach. Die optimale Schnitthöhe, die Sie beim Rasenmäher einstellen, beträgt 4 bis 5 Zentimeter. Und Mähen wird immer dann nötig, wenn die Grashalme doppelt so lang sind. Das kann im Frühsommer bedeuten, dass wöchentlich mindestens einmal gemäht werden muss. Mit Mulchmähern spart man sich das Entsorgen des Schnittguts, denn hier werden die Grashalme vom Gerät extrem fein zerteilt und als Mulchmaterial gleich wieder auf der Rasenfläche verteilt. Doch allzu häufig sollte man dies nicht ausführen, denn bei wöchentlicher Rasenschur kann dies sehr schnell zu dichtem Filz führen und Vertikutieren nötig machen. Besser: Mulchmähen und »normal« mähen im Wechsel.

Weg mit dem Filz: Vertikutieren

Reste vom vorjährigen Grasschnitt, niedergedrückte Halme und Moos bilden im Rasen eine mehr oder weniger dicke Filzschicht, die neues Wachstum bei den Gräsern unterdrückt. Dieser Filz muss weg, damit die Rasengräser wieder zügig wachsen können. Also heißt es vertikutieren. Am leichtesten geht das mit einem motorgetriebenen Gerät. Vertikutierer mit Benzinmotor sind leistungsstark und für große Rasenflächen ratsam. Elektrogeräte reichen für den normalen Hausgarten in der Regel aus. Handgeräte verlangen viel Ausdauer und Kraft – unbedingt auf einen guten, glatten oder gar ergonomisch geformten Griff achten und Handschuhe tragen, sonst gibt es leicht Blasen an den Händen.

Nachwuchs für frisches Grün: Nach- oder Reparatursaat

Nach dem Vertikutieren bietet der Rasen meist ein trauriges, weil ziemlich kahles Bild. Wer Gras nachsät, schließt die Lücken schneller und bekommt einen dichten Rasenteppich. Verwenden Sie eine spezielle Reparatursaat, wenn der Rasen rasch wieder grün werden soll. Bei reinem Zierrasen, der hauptsächlich feinhalmige Gräser enthält, sollten Sie besser die ursprüngliche Rasenmischung nehmen, da die derben »Reparaturgräser« sonst den gleichmäßigen, eleganten Eindruck stören könnten.

Frische Luft tut Wurzeln gut: Aerifizieren und Sanden

Damit die Samen der Nachsaat auch wirklich auf den Boden fallen, sollten Sie sie mit dem Rechen in die Erde leicht einarbeiten oder andrücken. Noch besser streuen

Sie eine dünne Schicht scharfen, gewaschenen Sand über die Saat und arbeiten alles mit dem Rechen nach. Der Sand wirkt gleichzeitig belüftend und lockernd im Boden. Rasen dann gleichmäßig leicht feucht halten und möglichst in den nächsten Wochen nicht betreten!

Futter für neuen Wuchs: Düngen

Rasengräser brauchen reichlich Nährstoffe, damit sie gut wachsen. Düngen Sie die Fläche jetzt mit einem Langzeitdünger speziell für Rasen. Nur solche Dünger enthalten die für Gräser richtige Zusammensetzung an Nährstoffen und halten die Saison über vor. Bitte kein Blaukorn nehmen, das schadet einerseits der Nachsaat, andererseits bringt es nur kurz Zuwachs, dann aber hemmt es ein gesundes Wachstum eher. Gemäht wird nach einer Reparatursaat frühestens, wenn die Gräser 6 bis 8 Zentimeter hoch sind.

Frühsommer

Holunderblütensterne

Ein Holunder macht noch keinen Sommer. Aber wenn die Sträucher alle zusammen ihre weißen Blütenschirme aufspannen, kommt der Sommer ins Land gezogen. Allüberall setzt die Rosenblüte ein. Knallrot setzen Klatsch- und Türkenmohn dazu Kontraste, und bald verführen die ersten Erdbeeren zum Naschen.

Der Juni ist der erste Sommermonat, traditionell auch Rosenmonat. Im Garten wogt Üppigkeit, die Natur schaltet vom ungestümen Wachsen und Blühen aber allmählich auf Fruchtansatz und Reife. So darf der Gärtner sich auf erste Ernten freuen.

> Wenn der Sommer sich verkündet,
> Rosenknospe sich entzündet,
> Wer mag solches Glück entbehr'n?
> Das Versprechen, das Gewähren,
> Das beherrscht in Florens Reich
> Blick und Sinn und Herz zugleich
>
> Johann Wolfgang von Goethe
> (1749–1832)

Jetzt muss der Holunder sprossen,
sonst wird des Bauern Mien¹ verdrossen.

Kräuter blühen lassen

Salbei, Schnittlauch, Thymian und andere Gewürzkräuter stehen voll in Blüte. Es heißt zwar, dass man die Blütenknospen zugunsten zarterer Blätter stets entfernen soll, aber man bringt sich um den Genuss. Kräuterblüten zieren nicht nur, sie schmecken auch lecker (z.B. in Salaten, auf Suppen, zu Kartoffeln) und sind für viele Insekten wichtige Futterquellen. Beernten Sie Ihre Kräuter fleißig, sowohl Blätter und Blüten, dann wachsen die würzigen Pflanzen am besten.

Blütenreste entfernen

Flieder, Rhododendren und die ersten Pfingstrosen sind schon verblüht. Wenn Sie bei diesen Pflanzen die Fruchtansätze entfernen, werden sie im nächsten Jahr umso prächtiger blühen. Doch Achtung: Sie dürfen die neuen Triebansätze nicht mit wegschneiden. Kappen Sie die Stiele der Fruchtstände, schonen Sie die jungen, knapp darunter austreibenden Blätter. Bei Pfingstrosen werden die Früchte samt einem Stück Stängel abgeschnitten.

Aus mit Laus

Sitzen an Ihren Rosen, an Ihren Kräutern schon Blattläuse? Dann bloß keine Panik. Die Läuse spült man einfach mit Wasser von den Trieben herunter. Aber nicht komplett, lassen Sie welche übrig. Marienkäfer, Florfliegen und andere Nützlinge wollen schließlich auch was futtern! Wenn Sie aufmerksam beobachten, werden Sie Meisen und andere Vögel sehen, die sich mit viel Appetit auf die Läuse-

kolonien stürzen und die Pflanzensauger emsig abpicken – um damit ihre Jungen zu füttern. Schon in kurzer Zeit ist es dann »aus mit Laus«.

Pracht am Wasser

Gartenteiche haben sich jetzt gut erwärmt. Nun ist die beste Pflanzzeit für Wasser- und Sumpfpflanzen, beispielsweise Seerosen, Schwanenblumen, Iris oder Rohrkolben. Auch tropische Wasserpflanzen wie Wasserhyazinthe oder Schwimmfarn dürfen jetzt ins Freie. Vergessen Sie nicht, auch unter Wasser eine spezielle Flora anzusiedeln, etwa Hornkraut oder Tausendblatt – diese helfen, übermäßiges Algenwachstum einzudämmen.

Steingartenpflege

Viele Polsterstauden in Steingärten, aber auch auf Rabatten und Beeten haben üppig geblüht: Schleifenblume, Blaukissen, Polsterphlox, Gänsekresse, Rosenwaldmeister und andere. Eine gute Portion Dünger, am besten in Form von reifem Kompost, fördert deren Wachstum. Sobald die Stauden abgeblüht sind, schneidet man sie zurück und bringt die Kissen in Form. Unbedingt auch das aufkeimende Unkraut zwischen den Polstern herauszupfen!

Buchsbaum schneiden

Buchs ist kräftig gewachsen. Damit er schön dicht und grün bleibt, muss der Zierstrauch häufig geschnitten werden – in den Monaten ohne »R«. Kürzen Sie den frischen Zuwachs ein, so bleibt Buchs bestens in Form. Vergewissern Sie sich vorher, dass keine Vögel in den Büschen brüten. Sehr wichtig: Geschnitten wird nur an bedeckten Tagen, damit die Schnittstellen nicht austrocknen und die

Büsche braun werden. Kommt doch die Sonne heraus, decken Sie Buchs nach dem Schnitt mit Tüchern oder Vlies ab.

Juniregen – reicher Segen.

Schneckentipp

Die Bodenoberfläche regelmäßig zu lockern hilft nicht nur Wasser sparen – weil dabei die Verdunstung aus dem Boden unterbunden wird – sondern versauert auch Schnecken das Leben. Insbesondere sollte man vermeiden, dass nach längeren Trockenphasen tiefe Risse im Erdboden auftreten. Solche Schwund- oder Trockenrisse entstehen in mittelschweren und schweren Böden, wenn nicht genügend Humus enthalten ist oder nicht immer wieder die Erde gehackt und dadurch zerkrümelt wird. Doch tiefe Risse sind optimale Schneckenrückzugsräume. Also: Regelmäßig die Erdoberfläche mit dem Grubber oder Gartenwiesel, mit der Sternfräse oder Hacke auflockern!

Gewächshaus lüften

Feuchte Luft, heiße Tage – da ist Lüften fast noch wichtiger als Gießen, im Gewächshaus wie im Frühbeet. Haben Gemüse und Kräuter in der vergangenen Zeit dem wärmenden Schutz der Glashauben gedankt, muss jetzt für viel Frischluft gesorgt werden. Bei stehender feuchter Luft machen sich sonst sehr schnell Schädlinge und Krankheiten breit. Also zumindest tagsüber alle Fenster und Türen öffnen, in lauen Nächten darf das Haus auch nachts geöffnet bleiben.

Kohlgemüse

Wer auf Benno (16. Juni) baut, kriegt auch viel Kraut. Folgen Sie der Bauernregel, es zahlt sich aus. Das erste Kraut ist schon erntereif, späte Sorten werden jetzt gepflanzt. Herbstsorten von Blumenkohl, Brokkoli, Weißkraut und Chinakohl, ebenso Wirsing und Rosenkohl kommen mit weitem Abstand von 50 × 50 Zentimetern oder 60 × 60 Zentimetern ins Beet. Nur bei reichlichem Platzangebot können sich die Köpfe ordentlich entwickeln.

Ausgeizen

Sonne, Wärme und Wasser lassen Tomaten schnell wachsen, man kann fast zusehen dabei. In den Blattachseln entstehen Seitentriebe, aber auch an der Basis der Tomatenstängel sprießen kräftige Schösslinge. Die müssen bei Stabtomaten unbedingt ausgebrochen werden – nicht jedoch bei Busch- und Strauchtomaten. Ausgeizen nennt das der Fachmann. Geiztriebe kosten die Pflanze viel Kraft, das geht zu Lasten des Blüten- und Fruchtansatzes. Die Geiztriebe kann man als Stecklinge verwenden, dazu einfach in lockere Erde setzen. Sie bilden rasch Wurzeln und wachsen zu selbständigen Pflanzen heran. Bis Mitte Juni lohnt sich das, solche Tomatenstecklinge bringen durchaus reiche Ernten.

Tomaten mulchen

Bedecken Sie den Boden unter den Tomaten dünn mit Gras vom Rasenmähen, lassen Sie den Grasschnitt aber erst etwas anwelken. Die Schicht soll allerdings nicht dicker als 2 Zentimeter sein. Unter diesem Mulch bleibt der Boden warm und feucht, das fördert das Wachstum der

Tomaten. Auch bei Gurken, Kürbissen, Paprika und anderem wärmeliebendem Gemüse hilft dies, dass die Pflanzen zügig wachsen und Blüten ansetzen.

Röteln und Rieseln

In den Wochen nach der Blüte werfen Kirsch-, Pflaumen-, Birnen- und Apfelbäume die Fruchtansätze ab, die nicht ordentlich befruchtet wurden. Gleichzeitig oder etwas später, gewöhnlich eben im Juni, kommt es bei Obstbäumen und Beerensträuchern zum sogenannten Junifruchtfall – hier fallen mehr oder weniger unterentwickelte Früchte herab, die Baum beziehungsweise Strauch ohnehin nicht ernähren könnte. Bei Kirschen nennt man das Röteln, bei Johannisbeeren Rieseln. Es hängt von der jeweiligen Sorte wie auch von der Witterung ab.

Bei Apfel- und Birnensorten, die ihren Fruchtansatz nicht von selbst über den Junifruchtfall regulieren, muss der Gärtner nachhelfen. Man dünnt den Fruchtbehang von Hand aus, lässt pro Zweig nur einige wenige Früchte hängen. Faustregel: Je Frucht sollten mindestens 10, besser 15 kräftige Blätter am Zweig vorhanden sein.

Mit Johanni endet die Ernte

»Kirschen rot, Spargel tot!«, fordert eine alte Regel zu Johanni auf. Damit Rhabarber Kraft sammeln kann fürs nächste Jahr, werden die mächtigen Gemüsestauden ab jetzt nicht mehr beerntet. Außerdem lässt der Wohlgeschmack der Blattstiele nach, sie enthalten zunehmend Oxalsäure, die in großen Mengen gegessen schädlich wirken kann. Düngen hilft dabei, verteilt auf mehrmalige Gaben, etwa zwei Schaufeln gut durchgereiften Kompost oder 10 Liter Brennnesselbrühe pro Rhabarberstaude.

Soll Feld und Garten wohl gedeih'n,
dann braucht's im Juni Sonnenschein.

Rosen, Rosen, Rosen

Gabi Fischer: »Ein Garten ohne Rosen, da fehlt doch was. Also blühen natürlich auch bei mir Rosen. Ich will die Majestäten natürlich verwöhnen, hast du da ein paar Tipps für mich, wie ich Rosen richtig pflege?«

»Rosen sind, Gabi, unbestritten die Nummer 1 unter den Gartenpflanzen. Im Frühsommer haben die Königinnen der Blumen ihre Hochzeit, nennt man den Juni völlig zu Recht Rosenmonat. Zu Beginn des Sommers blühen die Rosen am üppigsten und schönsten. Viele Historische Rosensorten und Wildrosen zeigen ihre einmalige, überbordende Blütenfülle. Aber auch Rosen, deren Blütezeit sich bis tief in den Herbst erstreckt, blühen nie prächtiger als jetzt. Und keine Sorge, Rosen umsorgen ist gar nicht schwierig.«

Rosen gut ernähren

Wer fleißig blüht, will auch gut essen, sprich mit Nährstoffen versorgt sein. Geben Sie Ihren Rosen gesunde Vollwertkost statt Fastfood, also einen hochwertigen Volldünger mit allen Mineralstoffen und Spurenelementen statt einem schnell wirksamen, einseitig auf reichlich Stickstoff ausgelegten Kunstdünger wie Blaukorn. Guter Kompost, abgelagerter Stallmist oder langsam wirkende Hornspäne sind die optimale »Speise« für die Pflanzenmajestäten – die wird im Herbst oder zeitig im Frühjahr ausgebracht.

Besonders gut gedeihen Rosen, wenn man ihnen im Erstfrühling und nochmals Ende Frühsommer eine gute Portion Beinwell gibt. Dazu einfach 2 bis 3 Handvoll gehäckselte Beinwellblätter oder -wurzeln (aus dem eigenen Garten oder getrocknet aus der Apotheke) rund um die Rosen auf den Boden streuen und leicht in die Erde einarbeiten. Alternativ einen 10-Liter-Eimer zur einem Drittel mit grob geschnittenen Beinwellblättern füllen, mit Regenwasser aufgießen, 1 bis 2 Tage stehen lassen und dann die Brühe als Dünger gießen. Die Blattreste können als Mulch verwendet werden.

Makellose Schönheit

Ärgerlich, wenn Blattläuse, Mehltau oder andere Schäden die Pracht der Rosen stören. Aber bleiben Sie gelassen. Die Läuse werden rasch von Meisen, Marienkäfern oder Ohrenkneifern entdeckt und entsorgt. Bis dahin können Sie nachhelfen und die Läuse einfach herunterspülen oder die Rosen alle 3 bis 4 Tage mit Lavendelöllösung (10 Tropfen Lavendelöl mit 1 Liter Regenwasser und einem winzigen Tropfen Spülmittel gründlich verschütteln) besprühen. Gewöhnlich ist dann alles wieder im Lot.

Sind Rosenblätter oder auch Triebspitzen, Knospen und Blütenstiele von einem weißen, mehligen Belag überzogen, sind sie von Mehltaupilzen befallen. Die Pilze treten vermehrt bei feucht-warmer Witterung an überreichlich mit Stickstoff versorgten Rosen auf. Um es gar nicht erst so weit kommen zu lassen, können Sie die Pflanzen einmal pro Woche mit Schachtelhalmtee einsprühen (100 Gramm frischen oder 15 Gramm trockenen Schachtelhalm mit 1 Liter heißem Wasser überbrühen, 15 bis 20 Minuten ziehen lassen, abseihen und abkühlen lassen).

Wellness für den Gartenadel

Verwelkte Blüten, beschädigte Blätter, dürre Triebe – all das sieht nicht nur unschön aus, es gehört auch aus hygienischen Gründen schnellstens entfernt. Schneiden Sie die Blütenreste immer samt zwei darunter liegenden Blättern weg. So treiben aus den tiefer liegenden Blattachseln bald sehr kräftige Knospen nach, die Triebe werden insgesamt auch stabiler. Ausgenommen davon bleiben Rosen, bei denen Früchte erwünscht sind. Als Hagebutten-, Frucht- oder Vitaminrosen gelten vor allem Wildrosen wie Hecken-, Wein- oder Kartoffelrose, aber auch Zuchtsorten mit einfachen bis halbgefüllten Blüten wie manche Kletterrosen wie zum Beispiel 'American Pillar' oder 'Frau Karl Druschki'.

Bei den Edelsorten sollten Sie darauf achten, dass die edle Sorte nicht von Wildtrieben aus der Unterlage überwuchert wird. Wildtriebe erkennt man daran, dass sie ganz anders aussehen als die übrigen Triebe (Blätter zeigen zum Beispiel ein anderes Grün, glänzen nicht wie die übrigen, sind wesentlich kleiner, haben sieben statt fünf Blättchen, andere Stacheln) und von ganz tief unten austreiben. Legen Sie den Wurzelhals frei und reißen den Wildtrieb mit einem kräftigen Ruck von der Ansatzstelle ab. Anschließend schieben Sie die Erde wieder zurück.

Hochsommer

Beerenreife

Unter blühenden Lindenkronen sucht man die Kühle im Hochsommer, erfrischt sich gerne an saftig-prallen Johannisbeeren. Lavendel und Lilien verströmen ihr süßes Blütenparfüm. Am Wegesrand leuchten himmelblau die Wegwarten. Verwöhnt von der hochsommerlichen Sonne reifen die Kirschen.

Wenn die Sonne im Juli ihren Höchststand bereits überschritten hat, kommt der Sommer erst richtig in Schwung. Heiß brennt das Himmelsgestirn, heiß rinnt dem Gärtner der Schweiß von der Stirn, aber oft nur beim genussvollen Nichtstun.

Schöne reife Beeren
Am Bäumchen hangen:
Nachbar, da hilft kein
Zaun um den Garten;
Lustige Vögel
Wissen den Weg.

Eduard Mörike
(1804–1875)

Im Juli warmer Sonnenschein,
macht alle Früchte reif und fein.

Vom richtigen Gießen

Warm, und bald schon wieder heiß – damit Pflanzen nicht schlappmachen, muss ausreichend gegossen werden. Lassen die Gewächse mittags schon die Köpfe hängen, nicht gleich zur Gießkanne greifen! Warten Sie bis zum späten Nachmittag mit dem Wässern. Mittags ist das Gießwasser schneller verdunstet, als es die Pflanzen überhaupt aufnehmen können, Wassertropfen auf den Blättern können außerdem wie Brenngläser wirken. Noch besser ist es, morgens zu gießen. So sind die Pflanzen den Tag über gut versorgt und Schnecken wird es schwer gemacht, sich nachts auf Futtersuche zu begeben. Immer wichtig: Wasser nur in den Boden gießen, niemals aber die Pflanzen benetzen. Auch wichtig: Wasser sanft gießen, nicht von weit oben oder mit hartem Strahl, dadurch spritzt viel Erde auf. Das macht nicht nur die Blätter schmutzig, es können auch Schaderreger und Keime auf das Laub gelangen.

Boden muss man sorgsam pflegen

»Einmal hacken erspart dreimal gießen!«, lautet eine alte Gärtnerregel. Und man sollte sie beherzigen. Durchs Hacken oder oberflächliche Lockern des Bodens mit Sauzahn, Krail oder Kultivator werden die feinen Kanäle in der Erde zerstört, durch die Feuchtigkeit aus der Tiefe nach oben verdunstet. Außerdem beseitigt man mit dem Lockern gleich aufkeimendes Unkraut und verdirbt Schnecken die Laune. Denn die kriechen ungern auf frisch gelockerter Erde und finden kaum Ritzen, in die sie ihre Eier legen können.

Erdbeerpflanzen pflegen

Die Erdbeersaison geht zu Ende. Verabreichen Sie Ihren Erdbeerpflanzen eine Portion Kompost, damit die Pflanzen wieder Kraft sammeln können. Schneiden Sie alte Blätter ab, um Krankheiten vorzubeugen. Auf dem verwelkenden Laub sitzen oft Keime, die dann die jung nachtreibenden Blätter neu infizieren. Trennen Sie auch Ausläufer ab. Die daran sitzenden Jungpflänzchen können Sie in ein anderes Beet setzen. Bevorzugen Sie die Ausläuferpflanzen von solchen Erdbeeren, die reich getragen haben. Kindel von Erdbeeren, die besonders viele Ausläufer bilden, erweisen sich oft als blühfaul – und tragen dann auch schlecht.

Stauden stützen

Bei Rittersporn, Dahlien, Astern und Phlox, bei Malven, Sonnenblumen und Schmuckkörbchen werden die Stängel sehr hoch, vor allem nach Gewittergüssen und Regenperioden drohen sie umzukippen. Also rasch Stützen anbringen, am besten um die Stauden mehrere kräftige Stäbe anbringen und rundum Schnüre befestigen, an die sich die Stiele wie an einen Zaun anlehnen können. Darauf achten, dass die Staudenbüsche nicht »verschnürt« werden, sondern schön locker fallen.

Nachsäen im Gemüsebeet

Die ersten Beetflächen sind bereits abgeerntet, da ist Platz für die nächsten Köstlichkeiten. Säen Sie jetzt Knollenfenchel, Zichoriensalate, Kopf- und Blattsalate, Buschbohnen, Spinat, Möhren, Rote Bete, Rettich und Radieschen, ebenso können Sie bereits späte Kohlsorten wie Weißkraut, Blumenkohl oder Chinakohl und Lauch pflanzen. Auch empfehlenswert: Sommeraussaat von Basilikum –

es keimt und wächst jetzt zügig. Spät gezogenes Gemüse eignet sich besonders gut zum Einlagern. Achten Sie aber stets darauf, dass es sich um Sorten handelt, die für den Anbau im Hochsommer geeignet sind. So »schießt« der Salat nicht, so platzen die Radieschen nicht.

Schattengare

Locker und feinkrümelig, gut feuchtigkeitshaltend und gleichmäßig Nährstoffe liefernd, so ist der optimale Zustand eines Bodens. Darin wachsen Pflanzen bestens. Solche Verhältnisse bleiben unter einer dichten Pflanzendecke lange bestehen, ebenso unter Mulchdecken bei regelmäßiger Bodenbearbeitung. Man spricht daher von Schattengare. Statt bei Hitze auszutrocknen und zu verkrusten oder bei Dauerregen zu verschlämmen, bildet sich im Schatten des Pflanzenbewuchses durch rege Tätigkeit von unzähligen Mikroorganismen eine stabile Krümelstruktur und ein dichtes Porensystem. Es ist günstig, den Gartenboden stets beschattet zu halten. Im Blumenbeet kann dies durch dichte Bepflanzung erreicht werden. Im Gemüsebeet bedeckt man nackte Erde stets mit Mulch. Im Frühbeet oder Gewächshaus darf man ruhig auch Vogelmiere als »grünen Mulch« dulden.

Nachhilfe im Blumenbeet

Regen ist zwar gut fürs Gedeihen, lässt Blüten jedoch leider schnell vergehen. Die aufgeweichten Köpfe von Rosen, Ringelblumen oder Malven müssen schleunigst entfernt werden. Eine milde Nachdüngung sorgt für

schnelle Entwicklung neuer Blütenknospen. Verwenden Sie aber keine deftig riechenden, gärenden Jauchen – die wiederum würden nur Schnecken anlocken. Günstig sind Hornmehl oder eine Brennnesselbrühe (Eimer halb mit zerhackten Brennnesseln füllen, mit Wasser aufgießen, über Nacht stehen lassen, dann anwenden – Brühe gießen, Pflanzenreste zum Mulchen nehmen).

Wenn's im Juli bei Sonnenschein regnet,
man viel giftigem Mehltau begegnet.

Die Pilze schlagen zu

Schwülwarmes Hochsommerwetter ist Mehltauwetter. Rittersporn, Phlox, Astern und viele andere Stauden, aber auch Rosen und Zucchini, zeigen einen weißlichen, mehligen, abwischbaren Belag auf den Blättern: Symptome für einen Befall mit Echtem Mehltau. Gurken dagegen bekommen hellgelbe, eckige Blattflecken und brechen innerhalb weniger Tage völlig zusammen – unverkennbar Falscher Mehltau. Die Pilzinfektionen kann man nur noch eindämmen, indem befallene Teile sofort entfernt und entsorgt werden. Unbedingt morgens gießen, beim Gießen die Blätter nicht benetzen und für gute Durchlüftung sorgen.

Obstgehölze schneiden

Nach der Ernte werden Johannisbeeren, aber auch Kirschbäume geschnitten. Entfernen Sie vor allem alte Triebe, die bereits sehr reich gefruchtet haben – jüngere sollen diese im nächsten Jahr ersetzen. Verwenden Sie unbedingt saubere und scharfe Scheren, Sägen und Messer zum Schnitt, damit die Schnittflächen glatt werden und schnell verheilen. Sehen Triebspitzen an den Obstgehölzen merkwürdig verformt und stark eingekräuselt aus, sind Blattläuse am Werk, gefördert von Ameisen. Schneiden Sie diese Triebe ab und bringen Sie Leimringe an den Stämmen an, damit die Ameisen nicht mehr zu ihren »Melkkühen« kommen. Fördern Sie Nützlinge, zum Beispiel Ohrenkneifer, indem Sie mit Holzwolle gefüllte Tontöpfe oder Schilfrohrbündel aufhängen.

Trockenkünstler

Christoph Deumling: »Von dir weiß ich, dass ein Garten umso weniger Arbeit macht, je geschickter man die Pflanzen auswählt. Denn alles, was die Gewächse nicht vorfinden, muss ich ihnen hinterhertragen. Vor allem Wasser. Aber du kennst doch sicher Pflanzen, denen Trockenheit nichts ausmacht?«

»Wie du, Christoph, genieße ich an heißen Sommertagen auch lieber eine kühle Schorle unterm aufgespannten Sonnenschirm, als mühsam Gießkanne um Gießkanne zu schleppen. Denn wie wir schwitzen die Pflanzen bei Hitze viel und hoffen darauf, dass sie optimal versorgt werden. Aber man kann ja vorbeugen.«

Wenn Apfelbäume wuchern

Treibt Ihr Apfelbaum stark, schießen viele Triebe in die Höhe? Dann zügeln Sie das ungezügelte Wachstum doch durch einen Sommerschnitt. Nach den Erfahrungen der Obstbauern bekommt man dadurch überstarken Zuwachs am besten in Griff. Gleichzeitig können dabei von

Krankheiten wie Mehltau oder Monilia befallene Teile entfernt werden, außerdem erhalten die Früchte danach mehr Sonne und reifen besser aus. Die Schnittwunden brauchen nicht versorgt zu werden, der Baum verschließt sie derzeit sehr schnell von selbst.

Im Juli muss vor Hitze braten,
was im September soll geraten.

Schatten spenden

Die Sonne steht hoch und brennt unbarmherzig vom Himmel – wohl dem, der in den kühlen Schatten kommt. Stellen Sie über Ihre zarten Gemüse einen Sonnenschirm auf, insbesondere zartblättrige Arten wie Salate sind dafür dankbar. Vor Sonnenbrand schützen ebenso Vliese oder Insektenschutznetze, das mindert zugleich die Austrocknung und bewahrt bei Gewittern vor Schäden durch Starkregen oder Hagel. Mulchdecken, zum Beispiel eine dünne Lage angewelkter Rasenschnitt oder fein gehäckselter Heckenschnitt, sorgen dafür, dass der Boden sich nicht übermäßig erhitzt und die Feuchtigkeit länger hält.

Grundsätze beim Gießen

Seltener, dafür durchdringend gießen, ist oberstes Gebot. Pflanzen nehmen das Nass mit ihren Wurzeln auf, also muss das Wasser auch in den Boden – niemals die Pflanzen von oben überbrausen. Das Wasser muss tief in den Boden sickern, also reichlich gießen. Pflanzenwurzeln wachsen immer dorthin, wo es Wasser gibt.

Gießen Sie täglich eine kleine Menge, bleibt das Wasser in den oberen Bodenschichten, die Wurzeln breiten sich dort aus. Aber hier, knapp unter der Erdoberfläche, trocknet die Erde auch sehr rasch wieder aus – die Pflanzen haben sehr schnell neuen Durst. Wässern Sie nur alle paar Tage, dann aber sehr üppig, sickert das Wasser tief ein – die Wurzeln sind gezwungen, in die Tiefe zu wachsen. Dort macht ihnen längere Trockenheit nicht so schnell etwas aus.

Mein Tipp Gießen Sie frühmorgens, dann sind die Pflanzen den Tag über gut versorgt. Wer abends gießt, tut dagegen vor allem den Schnecken einen großen Gefallen.

Das braucht man nicht zu gießen

Gießen Sie nur das im Garten, was wirklich Wasser nötig hat. Bäume und Sträucher, auch Rosen holen sich das Nass aus der Tiefe, so viel können Sie hier kaum gießen, bis das Wasser wirklich bis in die unteren Bodenschichten vordringt. Und der Rasen kann ruhig mal etwas braun werden, nach dem nächsten Regen erholt er sich schnell! Und wenn doch: Rasenflächen brauchen pro Quadratmeter und Woche derzeit mindestens 20 Liter, dafür muss der Rasensprenger oft viele Stunden laufen.

Mein Tipp Stellen Sie dort, wo der Rasensprenger gerade noch hinkommt, einen 10-Liter-Eimer auf. Wenn der halb voll Wasser ist, reicht die Gießmenge für die nächsten 2 bis 3 Tage.

Das muss man gießen

Neben allen Pflanzen, die in Gefäßen stehen, brauchen vor allem junge Gewächse sowie das Gemüse viel Wasser. Gemüse wie Tomaten, Kohlrabi oder Gelbe Rüben

müssen gleichmäßig feucht gehalten werden, sonst droht durch die krassen Wechsel das Platzen. Lockern Sie die unbedeckte Erdoberfläche immer wieder, damit verdunstet die Feuchtigkeit aus tieferen Erdschichten nicht so rasch. Mulchdecken, zum Beispiel aus angewelktem Rasenschnitt oder fein gehäckseltem Heckenschnitt, bewahren den Boden ebenfalls vor allzu rascher Austrocknung.

Manche mögen's heiß

Es soll wärmer werden, nicht nur im Winter werden die Durchschnittstemperaturen ansteigen. Mit der Hitze kommt ein weiteres Problem: Trockenheit. Die Sommer werden für viele Gartenpflanzen eine echte Belastung. Aber es gibt Durstkünstler unter den Pflanzen, hier vor allem die sogenannten Sukkulenten wie Fetthenne und Hauswurz. Die speichern in ihren Blättern Wasser und halten Dürreperioden spielend aus – sogar ohne Gießen. Diese Gruppe von Pflanzen zieht verstärkt in die Sortimente der Gärtnereien ein – da kann man bereits heute unter unzähligen Varianten wählen. Ideal sind weiterhin Pflanzen, die für Dachbegrünungen angeboten werden, neben Mauerpfeffer und Tripmadam etwa Hornkraut, Goldlauch, Thymian, Fingerkraut, Seifenkraut, Perlgras oder Blauschwingel.

Empfehlenswert sind auch Rosen, die sich das Wasser aus der Tiefe holen und wohl dank der trockenen Sommer in Zukunft viel weniger unter Blattkrankheiten leiden werden. Anstelle von Rhododendren und Hortensien, die es kühl lieben und stets eine gewisse Bodenfeuchte benötigen, sind Lorbeerkirsche und Stechpalme sinnvoller. Felsenbirnen und Flieder, Euphorbien und Schwertlilien gehören zu den Pflanzen der Zukunft.

Nicht zu vergessen all die schönen Pflanzen aus dem Mittelmeerraum, die sich vielleicht bald bei uns viel wohler fühlen werden als in ihrer angestammten Heimat. Tamarisken, Judasbaum, Myrtenwolfsmilch, Edeldistel, Brandkraut wie Salbei, Rosmarin und weitere Küchenkräuter gedeihen schon heute in eben dem Klima, wie wir es bekommen werden.

Gegen Hagel (fast) versichert

Wenn es sintflutartig regnet, wenn dicke Tropfen prasseln oder gar Hagelkörner alles häckseln, mag so mancher Gärtner schier verzweifeln. Solche Ereignisse werden sich häufen – und damit die Verluste nicht zum Dauerfrust führen, sollte man sich robuste Pflanzen in den Garten setzen. Die nicht gleich komplett verwüstet werden, sondern sich schnell wieder erholen. Wildstauden statt Prachtstauden heißt die Devise. Färberkamille, Wegmalve, Flockenblume, Königskerze, Blutweiderich, Frauenmantel, Schafgarbe – all diese wilden Schönheiten stecken Unwetter besser weg als Hochzuchtsorten von Rittersporn, Funkien, Pfingstrosen oder gefüllte Margeriten. Auch bei vielen Sträuchern gilt diese Regel: Wildarten sind robuster als Zuchtformen.

Optimal auf das Klima der Zukunft abgestimmt sind Präriestauden wie Sonnenhut, Kandelaberehrenpreis, Myrtenaster, Wiesenphlox, Prachtscharten in Gemeinschaft mit Gräsern wie Rutenhirse, Indianergras, Liebesgras, ergänzt durch sommerblühende Zwiebelgewächse wie Zierlauch.

Spätsommer

Anemonenpracht

Es schleichen sich die ersten Vorboten herbstlicher Akzente in den Garten ein. Wie Geishas tanzen die kostbaren Blütenschalen der Japananemonen auf zierlichen Stielen. Schwer tragen die Ebereschen an ihren orangeroten Früchten, die Vögel erleichtern sie rasch um ihre Last. Der herbe Duft von Sommerheide zieht durch die Luft.

Der dritte Sommerabschnitt ist auch bereits ein Abschied, denn das Blühen weicht nun immer mehr dem Fruchten. Im Garten heißt es ab August, die Früchte der Arbeit zu ernten.

Der Sommer, der vergeht,
ist wie ein Freund,
der uns Lebewohl sagt.

Victor Hugo
(1802–1885)

*Die erste Birn' bricht Margareth (20. Juli),
drauf überall die Ernt' losgeht.*

Zucchini ernten

Schneller als man nachschauen kann, wachsen im Moment die Zucchini. Gerade ist eine Frucht geerntet, da ist die Nächste schon reif. Den meisten Geschmack haben Zucchini, wenn sie noch klein und knackig sind. Suchen Sie jeden Tag unter den großen Blättern sehr genau nach den Früchten, ernten Sie frühzeitig – schon morgen ist eine übersehene Zucchini riesig und hat an Qualität viel eingebüßt.

Kirschbäume leeren

Die letzten Süßkirschen sind geerntet, die Sauerkirschen bereits reif – jetzt heißt es, Vorsorge für nächstes Jahr treffen. Ernten Sie Ihre Kirschbäume unbedingt komplett ab, sammeln Sie herabgefallene Früchte sorgfältig auf. In diesen verbergen sich oft Maden der Kirschfruchtfliege – die unbeliebten »Würmer«. Sie lassen sich an Seidenfäden zum Boden herab und verpuppen sich in der Erde. Im nächsten Jahr befallen die Fliegen dann die Kirschen wieder. Eine Fliege kann bis zu 1,5 Kilogramm Früchte durch Eiablage unbrauchbar machen. Das konsequente Ab- und Aufsammeln der Früchte ist nicht nur bei kultivierten Kirschen, sondern ebenso bei wilden Kirschen wie Traubenkirschen, Vogelkirschen sowie bei Heckenkirschen und Schneebeeren wichtig!

Aufgelesen

Da liegen ein paar noch grüne Zwetschgen, ein paar unreife Äpfel unterm Baum? Dann schnell aufheben und

entsorgen. Von diesem vorzeitigen Fallobst können sich nämlich durchaus Krankheitserreger und Schädlinge ausbreiten. Untersuchen Sie die herabgefallenen Früchte auf Schäden. Wurmlöcher im Kernobst? Dann ist der Apfelwickler aktiv. Angebohrte Pflaumen? Da futtern die Maden des Pflaumenwicklers oder der Pflaumensägewespe. Sofortiges Entfernen ist die beste Vorsorge fürs nächste Jahr.

Äste stützen

Weithin verheißen übervolle Obstbäume sehr gute Ernten. Die ersten Frühäpfel wie Klarapfel, Grahams Jubiläum oder Delbard sind schon reif. Damit die Bäume ihre Last auch schadlos tragen können, sollten Sie Äste mit reichem Behang abstützen. Stellen Sie Stützpfähle unter, legen Sie zum Schutz der Rinde aber ein Brett oder ein Stück Gummi unter.

Für schöne Tomaten und Gurken

Damit Tomaten nicht platzen und Gurken nicht pelzig werden, brauchen sie eine sehr gleichmäßige Wasserversorgung. Gräbt man einen Topf mit Bodenabzugslöchern neben jede Pflanze ein und gießt dort hinein, dringt das Wasser besser zu den Wurzeln. Man erzieht die Tomaten und Gurken damit, mehr tiefreichendes Wurzelwerk zu bilden. Frühbeet und Gewächshaus sollten immer gut gelüftet werden und dürfen auch nachts offen bleiben, solange Temperaturen nicht unter 10 °C fallen.

Zu Oswald (5. August)
wächst die Rübe bald.

Für zarte Rüben sorgen

Die Stoppelfelder sind schon umgepflügt, früher wurden dort dann Rüben gesät: Stoppel- oder Herbstrüben. Auch im Garten kann man auf bereits abgeernteten Beeten jetzt Anfang August Rüben noch gut säen, sie reifen bis Oktober/November. Rund 30 Zentimeter Abstand sollten die Reihen haben, in denen Herbstrüben oder Navets stehen. Je dichter man die schon nach kurzer Zeit keimenden Rübchen stehen lässt, desto kleiner bleiben sie. Wer auf schöne große Rüben Wert legt, vereinzelt in der Reihe auf 20 bis 25 Zentimeter Abstand.

Kommt Laurentius (10. August) daher,
wächst das Holz nicht mehr.

Langsam auf Diät setzen

Ab dem Hochsommer wechselt die Wachstumszeit endgültig in die Reife. Bäume und Sträucher tragen jetzt Früchte, auch Stauden setzen Samen an. Außerdem reift jetzt allmählich das Holz, das heißt, die in diesem Jahr gebildeten Triebe verholzen kräftig. Mit dieser Verholzung bereiten sich die Pflanzen auf den Winter vor.

Damit Holz ausreifen kann, dürfen Pflanzen nicht mehr gedüngt werden. Insbesondere bei mediterranen Halbsträuchern wie Lavendel oder Rosmarin muss die Nährstoffversorgung deutlich reduziert werden. Sonst bleiben deren Sommertriebe nämlich weich, verholzen nicht und leiden im Winter.

Zwiebelblüher für den Herbst

Der Boden ist gut durchfeuchtet, das Wetter gerade ideal zur Pflanzung von Herbstzeitlosen und Herbstkrokussen.

Setzen Sie die zwiebelförmigen Knollen an eine sonnige, höchstens halbschattige Stelle in gut gelockerte, nicht zu nährstoffreiche Erde. Am schönsten wirken die kleinen Blütenschätze im Steingarten oder vor Hecken.

Ausputzen für mehr Blütenschmuck

Gehen Sie regelmäßig durch den Garten und schneiden Sie verwelkte Blüten ab, etwa bei Mädchenaugen, Phlox oder Zinnien. Das fördert den Ansatz neuer Knospen, so hält die Blütezeit viel länger an. Schneiden Sie bei Dahlien die ersten Blütenköpfe für die Vase, entwickeln sich viele zusätzliche Knospen. Ernten Sie auch Zucchini, Bohnen und Gurken schon jung, damit sich noch weitere Früchte bilden.

Rindenmulch

Das allseits so beliebte Mulchmaterial aus grob zerkleinerter Nadelholzrinde enthält sehr viele Stoffe, die ein Wachstum unterdrücken – das ist hinsichtlich Unkraut sicher erwünscht, für alle anderen Gartenpflanzen dagegen ein entscheidender Nachteil. Zudem werden bei der Verrottung des Rindenmulchs große Mengen an Stickstoff aus dem Boden aufgezehrt, die dann den Pflanzen zum Wachsen fehlen. Setzen Sie Rindenmulch deshalb mit Bedacht ein. Unter eingewachsenen Bäumen und Sträuchern, auf Wegen geht das problemlos. In Staudenbeeten sollten Sie zusätzlich mit Hornspänen düngen (etwa eine Handvoll pro Quadratmeter). Für Gemüse, Beerenobst und frisch gepflanzte Blumen eignet sich Rindenmulch nicht.

Pflanzen als Haushaltshelfer

Ulla Müller: »Karin, Lavendel, das weiß ich, wirkt nervenstärkend und wird doch auch zum Putzen verwendet. Da sind wir mittendrin. Putzen ist eigentlich eine gute Sache, aber manchmal auch ganz schön nervenaufreibend. Wenn ich an all die Zusatzstoffe denke … Gibt's da nicht auch was Pflanzliches?«

»Aber klar doch, Ulla, da kann dir geholfen werden. Statt chemischer Reinigungsmittel und synthetisch hergestellter Pflegeprodukte aus dem Supermarkt lässt sich auf natürliche Alternativen zurückgreifen. Viele Pflanzen verfügen über Kräfte, die im Haushalt wertvolle Dienste leisten können. Umweltfreundlich, kostengünstig, ohne Risiken für die Gesundheit.«

Allzweckreiniger

Beginnen wir mit Lavendel. Er wie auch Salbei, Thymian und Rosmarin wirken nicht nur schmutzlösend, sondern auch desinfizierend. Wer damit Flächen säubert, Spüle und Bad putzen will, bereitet aus einem dieser Kräuter oder einer Mischung daraus einen sehr starken Tee zu. Eine gute Handvoll frischer Blätter und Zweige, grob geschnitten, oder eineinhalb Handvoll getrocknetes Pflanzenmaterial wird dafür mit ½ Liter Wasser rund 20 Minuten lang geköchelt. Zum abgefilterten, abgekühlten Sud 2 bis 3 gestrichene Esslöffel Natron und 1 Teelöffel

Zitronensaft geben. Schwammtuch damit tränken und die Flächen gründlich behandeln.

Glasreiniger

Zitronenverbene duftet nicht nur höchst angenehm, sondern lässt auch Fenster und Spiegel wieder strahlen. Aus frischen oder getrockneten Blättern wird ein Tee zubereitet. Gefiltert und abgekühlt vermischt man 200 Milliliter davon mit 2 Esslöffeln Essig und 3 Tropfen Flüssigseife. Die Mischung auf die Glasflächen sprühen und mit Küchenpapier nachreiben. Anstelle von Zitronenverbene kann man auch einen starken Tee von Duftgeranien, Zitronenthymian oder Lavendel verwenden, alternativ ein paar Tropfen ätherisches Öl nach Wahl.

Topfreiniger

Schachtelhalm oder Zinnkraut lässt sich ganz einfach zu einem Scheuerschwamm zusammenballen. Dank seines hohen Gehalts an Kieselsäure wirken die Ästchen wie Reinigungskristalle, die moderner Reinigungstechnik nicht nachstehen. Eine gute Handvoll Schachtelhalmtriebe zusammenknüllen und in Wasser tauchen. Mit diesem Schachtelhalm-Scheuerschwamm können Pfannen, Töpfe, Brettchen oder – wie es der Name Zinnkraut sagt – Zinn und andere Metallgegenstände behandelt werden. Nach dem Reinigen sofort mit reichlich klarem Wasser spülen, damit keine grünen Rückstände bleiben.

Zinn- und Metallgegenstände bringt man wieder zum Glänzen, indem man sie mit einem starken, heißen Schachtelhalmsud übergießt, fünf Minuten darin liegen lässt und anschließend mit einem weichen Tuch spiegelnd poliert.

Mottenkugeln, Ameisenschreck und Fliegenfänger

Kleine Beutel, gefüllt mit Lavendel, Waldmeister, Heiligenkraut, Marienblatt oder Eberraute, auch Heublumen, legt oder hängt man in die Schränke, die Düfte halten Motten fern. Ameisen lassen sich mit Büscheln aus Lavendel, Thymian, Majoran oder Rainfarn verscheuchen. Einfach kleine Sträußchen dieser Kräuter als Barrieren vor die Terrassentür oder auf die Ameisenstraßen legen. Stark duftende Bündel von Basilikum, Weinraute, Eberraute, Pfefferminze, Holunder oder Walnussblättern hängt man in die Fenster, weil Fliegen eben nicht darauf fliegen, sondern abgeschreckt werden. Wer die klebrige Wurzel vom Alant aufhängt, hat damit einen echten Fliegenfänger.

Raumspray

Natürlicher Blüten- und Blattduft statt künstlicher Aromastoffe – das sorgt auf der Toilette für angenehme Atmosphäre, vertreibt in der Küche Essensdunst und lässt schlechte Luft im Wohnzimmer vergessen. Lavendel oder Duftgeranien, Minze oder Rosen, Zitronenverbene oder Rosmarin – ein kräftiger Auszug aus deren Blüten beziehungsweise Blättern ist als Lufterfrischer ideal. Man kocht einen starken Tee, siebt diesen durch einen Kaffeefilter ab und füllt ihn in einen Zerstäuber. Hinzu kommt etwas Alkohol (Weingeist, Wodka, Doppelkorn oder Ähnliches), rund 10 Prozent soll dieser Zusatz betragen. Wer intensiven Duft wünscht, fügt noch einige Tropfen ätherisches Öl (z. B. Zitrone, Rosengeranie, Lavendel) hinzu. Schütteln und in den Raum sprühen.

Frühherbst

Früchtereigen

Die Körbe füllen sich, die Bäume spenden reichlich. Wie der Holunder mit weißen Blüten den Sommer angezeigt hat, hängt er jetzt mit schwarzen Beeren den Herbstbeginn aus. Hagebutten und Brombeeren, Zwetschgen und Birnen warten aufs Pflücken. Und auf den Wiesen strahlen Herbstzeitlosen.

Nur kurz, dafür prächtig währt der Einstieg in den Herbst in der ersten Septemberhälfte. Das Licht wird milder, die Luft frischer und der Gärtner bekommt reichlich zu tun.

Herbstbild

Dies ist ein Herbsttag, wie ich keinen sah!
Die Luft ist still, als atmete man kaum,
Und dennoch fallen raschelnd, fern und nah,
Die schönsten Früchte ab von jedem Baum.
O stört sie nicht, die Feier der Natur!
Dies ist die Lese, die sie selber hält,
Denn heute löst sich von den Zweigen nur,
Was von dem milden Strahl der Sonne fällt.

Friedrich Hebbel
(1813–1863)

Durch des Septembers heiter'n Blick,
schaut noch mal der Mai zurück.

Nur nicht hängen lassen

Es gibt viel zu ernten, angefangen von den letzten sehr späten Zwetschgen und Brombeeren über Äpfel und Birnen bis hin zu den ersten Kiwis. Die kleinfrüchtigen Arguta-Kiwis werden immer beliebter, weil auch in rauem Klima durchaus wüchsig und reichtragend. Die Früchte werden am besten einzeln mit der Schere vom Strauch getrennt oder traubenweise abgeschnitten. Beim Pflücken verletzt man nur allzu leicht die Schale, dann sollten die Kiwis sofort verzehrt werden, denn so lassen sie sich auch gekühlt nicht mehr lagern.

Großer Aufruf: Pflanzen!

Der Frühherbst mit seiner milden Witterung ist ideal zum Pflanzen: Immergrüne, Rosen, Stauden. Es ist tagsüber nicht mehr allzu heiß, dadurch leiden die frisch eingesetzten Gewächse kaum unter Hitzestress. In nächtlicher Kühle bei reichlich Tau können sie sich gut erholen und wurzeln rasch ein. Selbst wenn die Erde gut von Regen getränkt ist, darf man gründliches Wässern nach dem Einsetzen nicht vergessen. Nur das sorgfältige Einschlämmen sorgt dafür, dass alle Wurzeln innigen Bodenkontakt bekommen und ausreichend lebenswichtiges Nass aufsaugen können – einem Strauch muss man mindestens 40 bis 50 Liter Wasser verabreichen, einer kleinen Beetrose 20 bis 30 Liter, einer Blütenstaude 10 bis 15 Liter! Auch in den folgenden Wochen sind die neu gepflanzten Gewächse auf gutes Wässern angewiesen.

Herbstblüher pflanzen

Hochsaison für Heidekraut und Erika, die derzeit in leuchtenden Farben blühen. Bis tief in den Winter hinein reicht die Blütezeit bei den sogenannten Knospenblühern. Deren Blütezeit währt zwar ausgesprochen lange, aber die sich nie öffnenden Knospen bieten den Insekten keine Nahrung. Wenn Sie jetzt pflanzen, achten Sie darauf, die Wurzelballen der Heidekräuter tief genug einzusetzen, etwa 1 bis 2 Fingerbreit tiefer als sie vorher im Topf standen. Bewährt hat sich eine Mulchschicht aus Laubhäcksel oder feinem Rindensubstrat rund um frisch gepflanzte Heidegewächse. So kann der Frost sie im Winter nicht heben, wodurch sie rasch austrocknen würden.

Macht das Frühjahr bunt

Beste Zeit zum Zwiebelsetzen! Je früher Blumenzwiebeln in die Erde kommen, desto besser wurzeln sie ein, kommen dann gut durch den Winter und blühen schön. Wer bei Tulpen, Narzissen und Co. auf besonders große Blüten Wert legt, muss extra dicke Zwiebeln kaufen, sogenannte XXL-Ware. Bei kleinen, aber sehr viel preisgünstigeren Zwiebeln mag es sein, dass im nächsten Frühjahr nur kleine oder auch mal gar keine Blüten erscheinen (botanische Blumenzwiebeln ausgenommen, hier bleiben die Zwiebeln von Natur aus sehr viel kleiner). Da muss man eben noch ein, zwei Jahre auf Blüten warten.

Um Mariä Geburt (8. September)
fliegen die Schwalben furt.
Bleiben sie noch da,
ist der Winter nicht nah.

Letzter Aufruf: Salat!

Letzter Termin zur Aussaat von Feldsalat und Winterportulak (Postelein, Kubaspinat) für die Ernte im Winter und nächsten Frühling! Die Pflänzchen gehen dank der Septemberwärme noch gut auf, sie überwintern gut geschützt unter einer Reisig- oder Vliesabdeckung. Endiviensalat darf man gerade noch pflanzen, dann muss man auf anhaltend mildes Wetter vertrauen, um bald schöne Köpfe zu ernten. Im Gewächshaus oder Frühbeet lassen sich neben Endivien und Feldsalat auch Radicchio, Chinakohl, Zuckerhut oder Winterkopfsalat pflanzen.

Nachruf: Wurmig!

Ernten Sie bei Ihren Äpfeln, Pflaumen oder Zwetschgen immer wieder wurmige Exemplare, müssen Sie jetzt Vorsorgemaßnahmen fürs nächste Jahr ergreifen. Die »Würmer« in den Früchten sind die Maden von Apfel- beziehungsweise Pflaumenwickler. Sie verlassen jetzt die Früchte und krabbeln die Stämme hinab, um sich zu verpuppen. Im nächsten Jahr schlüpfen dann die Falter und legen ihre Eier in die jungen Früchte – schon sind sie wieder wurmig. Binden Sie daher einen 15 Zentimeter breiten Streifen Wellpappe um den Obstbaumstamm, mit der gerillten Seite nach innen. Zurren Sie den Streifen vor allem im oberen Bereich gut fest, mit starkem Bindfaden oder mit Draht. Die Raupen verstecken sich in den Papprillen statt unter Rindenschuppen. Sie können sie mitsamt dem Pappstreifen leicht abnehmen, sobald alle Früchte vom Baum geerntet sind.

Kaffee macht müde Pflanzen munter.

Kaffeesatz gilt als besonders wertvoller Gartendünger, als Bodenverbesserungsmittel. Im Kompost lockt er Regenwürmer an, im Beet säuert er mild die Erde, unter Rosen sorgt er für Nährstoffnachschub, vor allem von Stickstoff und Kalium. Weil er verzögert und sehr mild wirkt, darf Kaffeesatz auch jetzt noch ausgebracht werden – generell ist Düngen ab Herbst nicht mehr nötig. Reichlich Kaffeesatz rund ums Beet gehäuft soll sogar Schnecken abschrecken.

Macht den Boden besser

Wenn es längere Zeit trocken war, zeigt leichter Boden seine Nachteile: So bequem er sich bearbeiten lässt, so rasch trocknet er aus. Außerdem können sandige Böden nicht so gut Nährstoffe binden, was sich in weniger gutem Wuchs äußert. Jetzt im Frühherbst kann man solche Böden aufbessern, indem man Steinmehl streut. Das verleiht mehr Bindekraft für Wasser und reichert ihn mit Mineralstoffen und Spurenelementen an. Auf dem Kompost sorgt eine staubfeine Schicht Steinmehl für eine bessere Umsetzung und ausgewogene Nährsalzverhältnisse. Steinmehl (auch Bentonit, sehr fein gemahlener Ton) immer nur hauchfein streuen!

Saatgut sammeln

Ernten Sie gerade außergewöhnlich gute, schmackhafte Tomaten? Sind Ihre Paprika super? Trägt Ihr Peperonistrauch wunderbare Früchte? Ist der Kürbis unvergleichlich? Dann ernten Sie die Samenkerne aus den Früchten, als Saatgut für die nächste Saison. Schneiden Sie die Früchte auf, kratzen oder löffeln Sie die Samen auf ein Küchentuch und befreien Sie sie vom Fruchtfleisch (dazu eventuell über Nacht in lauwarmes Wasser legen und dann leicht zwischen Küchenpapier rubbeln). Anschließend die Samen an einem warmen, schattigen Platz trocknen und in Briefkuvert, Filmdöschen oder ähnlichen Behältnissen aufbewahren – Beschriftung nicht vergessen!

Vitalkur für den Boden

Peter Hirsch: »Mein Gemüsegarten ist abgeräumt. Man lässt die Erde doch nicht brach liegen, oder? Karin, was empfiehlst du mir?«

»Nix wie los mit Einsäen, Peter, und zwar mit superschnell wachsenden Pflanzen, die gleichzeitig den Boden optimal vorbereiten – für das, was später, nächstes Jahr kommen soll. Gründüngung ist angesagt.«

Stecklinge ziehen

Lavendel, Rosmarin, Salbei, Ysop, Eberraute, Thymian, Bohnenkraut – all diese halb verholzenden Kräuter können jetzt gut vermehrt werden. Man schneidet kräftige Triebe, die weder zu weich noch zu stark verholzt sind, entfernt einiges an Blattwerk und setzt diese Stecklinge in Töpfchen mit sandiger Anzuchterde. Dort bewurzeln sich die Stecklinge rasch und können noch vor dem Winter ausgepflanzt werden. In Gegenden mit rauem Klima überwintert man diese Stecklinge hell und kühl im Haus. Sie kommen besser durch als die großen Pflanzen draußen.

Was heißt eigentlich Gründüngung?

Pflanzen ansäen, wachsen lassen, dann grün in den Boden einarbeiten – eigentlich ist Gründüngung eine Art Kompostierung. Man lässt bevorzugt rasch wachsende Arten wie Senf, Bienenfreund oder Inkarnatklee auf einer brach liegenden Fläche gedeihen. Der Aufwuchs beschattet, bewahrt den Boden vor Wetterunbilden wie Erosion und unterdrückt das Aufkommen von Unkräutern. Die Wurzeln der Gründüngerpflanzen lockern die Erde und schaffen Kanäle, durch die Luft und Wasser bis in die Tiefe vordringen können. Die Pflanzen werden schließlich nicht geerntet, sondern – abgeschnitten oder abgestorben und zerkleinert – in die Erde eingearbeitet. Dadurch reichern sie die Erde mit Humus und Nährstoffen an, fördern das Bodenleben, verbessern die Krümelstruktur. Nicht wenige Gründünger helfen gar, hartnäckige Krankheitserreger und Bodenschädlinge zu vertreiben, allen voran Tagetes und Ringelblumen.

Düngt Gründüngung tatsächlich?

Saatkorn statt Blaukorn heißt die Devise. Gründünger bringt reichlich Nährstoffe in Form von langsam verrottendem Humus. Zugleich binden die Gründüngungspflanzen noch vorhandene Nährstoffe im Boden und bewahren sie vor Auswaschung. Spezielle Gründüngerpflanzen, Leguminosen beziehungsweise Schmetterlingsblütler wie Wicken, Klee oder Lupinen, haben zudem noch einen besonderen Trick: Sie können mithilfe von Bakterien, die in ihren Wurzelknöllchen leben, Stickstoff binden – und der bleibt nachher als Dünger für Folgekulturen im Erdreich zurück.

Und wie geht's?

Sehr einfach: Fläche fein krümelig abrechen und glätten. Gründünger breitwürfig einsäen, mit dem Rechen oberflächlich in die Krume einarbeiten und mit einem Brett oder einer Walze andrücken. Angießen und bis zur Keimung auf ausreichende Feuchtigkeit achten. Abdecken mit Vlies hilft, die Saat bei anhaltend trockener Witterung besser feucht zu halten – außerdem schützt dies vor Vogelfraß. Wachsen lassen – viele Gründüngerpflanzen bieten zudem einen hübschen Anblick und sind wertvolle Nahrungsspender für Insekten, vor allem Bienenfreund *(Phacelia)*. Schließlich abmähen und häckseln, die Reste in den Boden einarbeiten, oder den Winter über einfach stehen lassen und erst im kommenden Frühjahr unterharken.

Werden die Gründüngerpflanzen vor oder während der Blüte geschnitten, verrotten die Reste besonders rasch – die Fläche ist innerhalb von 1 bis 2 Wochen für erneute Aussaat oder Pflanzung bereit. Jetzt im Herbst sollte man diese Pflanzen aber unbedingt länger stehen lassen. Spät im Jahr wird man kaum noch etwas danach ansäen oder pflanzen, was die Nährstoffe zehrt – und so würden diese bloß ausgewaschen. Lassen Sie die Gründünger besser als schützende Winterabdeckung für den Boden stehen. Die Pflanzen frieren teils ab, die Umsetzung der Überbleibsel dauert zwar länger, aber es bildet sich stabilerer Humus.

Wo ist Gründüngung sinnvoll?

Im Gemüsegarten, auf bereits abgeernteten Beeten wie als Zwischenkultur ist eine Gründüngung stets eine gute Möglichkeit, den Boden wieder zu neuer Kraft zu verhelfen. Besonders empfehlenswert ist eine Gründüngung auf Beeten – im Freiland, Frühbeet wie im Gewächshaus –, wenn immer wieder dieselben Gemüse angebaut werden, etwa Tomaten. Gründünger lässt sich genauso reihenweise zwischen Gemüse mit langer Entwicklungsdauer wie zum Beispiel Kohl einsäen wie auch zwischendurch, beispielsweise nach Radieschen im Frühjahr und vor Salaten im Sommer. Achtung: Berücksichtigen Sie den Fruchtwechsel, säen Sie keine zu den Kreuzblütlern gehörenden Gründünger wie Senf, Ölrettich oder Raps nach beziehungsweise vor Kohlgemüse.

Günstig wirkt sich eine Gründüngung auch im Obstgarten aus, etwa auf Baumscheiben von Obstbäumen. Und Beerensträucher sind dankbar, wenn sie schattenden Unterwuchs bekommen, der ihre flach verlaufenden Wurzeln vor Austrocknung schützt. Hier braucht man die Gründünger später nicht in den Boden einzuarbeiten – sie werden abgeschnitten und als Mulch liegen gelassen.

Neue Gartenbereiche – sei es nach Neubau oder während einer Umgestaltung – profitieren stark davon, wenn vor der geplanten Bepflanzung zunächst eine Gründüngung erfolgt. Die Gründüngungspflanzen heben Verdichtungen durch Baumaschinen viel besser auf als jede Fräse, damit können die Gewächse später zügig einwachsen statt zu kümmern, weil ihre Wurzeln nicht in die Tiefe vordringen – das spart viel Verdruss und Geld. Selbst wo flach wurzelnde Rasengräser einmal gedeihen sollen, ist eine Gründüngung ratsam. Der obere Boden ist leider viel zu oft karg und nur sehr flach – Gründünger bringt hier reichlich Humuszufuhr.

Und was düngt grün?

Jetzt im September können Sie noch gut als Gründünger einsäen: Feldsalat, Spinat, Winterzottelwicke, Tagetes, Ringelblumen, Gelbsenf, Ölrettich, Bienenfreund, Winterrüben oder Winterroggen. Auch das altbewährte Landsberger Gemenge (Zottelwicke, Inkarnatklee, Welsches Weidelgras u.a.) eignet sich. Nachdem die Pflanzen im Herbst nicht mehr so schnell wachsen, sollten Sie die Samen dichter als üblich säen.

Die Saatgutanbieter halten eine breite Auswahl an Gründüngungspflanzen wie auch an verschiedenen Mischungen bereit – für jede Bodenart, für alle Jahreszeiten, für sämtliche Zwecke und Gartenbereiche. Bei stark verdichtetem Boden eignet sich etwa eine Ansaat mit Lupinen, Sonnenblumen oder Ackerbohnen. Wenn Sie viel für die Insekten tun möchten, sollten Sie bunt blühende Mischungen bevorzugen. Um Bodenschädlinge wie Nematoden zu bekämpfen, bieten sich Gründünger an, die vielfach als »Bodenkur« oder »Bodendoktor« bezeichnet sind.

Vollherbst

Baumfärbung

Nie ist es bunter im Garten als zu dieser späten Jahreszeit. Jedes Blatt wird zum Kunstwerk. Nüsse schenkt er, der Herbst, Eicheln, Kastanien, Äpfel und Quitten.

Von Mitte September bis durch den ganzen goldenen Oktober zieht er sich hin, der Vollherbst. Und lässt dennoch kaum Zeit, um alles im Garten zu erledigen, was erledigt werden will. Da grenzt es an ein Wunder, dass noch Zeit bleibt, den Garten auch zu genießen.

Lob des Herbstes

Der Herbst, der heute gibt und nimmt,
Bald uns erfreut, bald uns verstimmt,
Er soll uns dennoch wohlgefallen,
Weil er's doch gut meint mit uns allen.

Wir wollen uns für seine Gaben,
Woran wir uns erfreu'n und laben,
Recht dankbar alle Zeit erweisen,
Und wollen ihn freudig loben und preisen.

August Heinrich Hoffmann von Fallersleben
(1798–1874)

Ein Herbst, der gut und klar,
ist gut für das kommende Jahr.

Da haben Sie den Salat

Die Beete sind teilweise abgeräumt, die Erde gut durchwärmt und durchfeuchtet. Beste Voraussetzungen, um Feldsalat für die späte Ernte zu säen. Dessen Samen brauchen reichlich Zeit, bis sie keimen – rund 3 Wochen muss man rechnen. Gesät wird nicht zu dicht (2 bis 3 Gramm pro Quadratmeter, sonst entwickeln sich keine Rosetten), breitwürfig oder in Reihen, die Saattiefe beträgt etwa 1 Zentimeter. Erde über der Saat unbedingt sorgfältig andrücken, damit die Körner innigen Bodenkontakt haben. Und natürlich nie austrocknen lassen, dabei hilft eine Vliesabdeckung.

Rosen setzen, Rosen schützen

Erfahrungen zeigen, dass im Herbst gesetzte Rosenstöcke optimal einwurzeln. Die Sträucher wachsen viel zügiger und üppiger weiter als Rosen, die im Frühling oder Sommer ins Beet kommen – nicht nur Ballenpflanzen oder wurzelnackte Rosen, auch Containerpflanzen. Damit die Veredelungsstelle gut geschützt ist, kommt sie knapp unter die Erdoberfläche und wird zusätzlich noch mit lockerer, humoser Erde und/oder trockenem Laub überdeckt, angehäufelt.

Quitten ernten

Goldgelb leuchten sie jetzt von den Zweigen, die Quitten. Warten sollten Sie nicht zu lange mit der Ernte, sonst werden die Früchte leicht braun. Sobald sie sich intensiv färben und der dicke Flaum verschwindet, pflückt man die

Früchte vorsichtig. Wer Quitten nicht sofort verarbeitet, kann sie im sehr kühlen Keller lagern, bei 5 °C halten sie sich aber maximal zwei Monate.

Damit sich der kräftige Duft nicht auf andere Früchte überträgt, dürfen Quitten nicht in der Nähe von anderem Obst liegen.

Auch Zierquitten kann man jetzt ernten, sie können wie die echten Quitten verarbeitet werden.

Im Oktober räum den Garten;
denn willst du warten,
so kommt die Kälte
und nimmt die Hälfte.

Nicht nur gegen Vampire

Kein neuer Küchentrick für Gourmets, sondern ein altbewährtes Mittel zur biologischen Schädlingsbekämpfung: Ein Tee aus Knoblauchzehen. Dafür wird eine Knoblauchzwiebel samt Schalen grob gehackt und mit 1,5 Liter kochendem Wasser überbrüht. Stehen lassen, bis alles erkaltet ist, dann absieben. Mit dem Sud, der nochmals mit 5 Liter Wasser verdünnt wird, gießt man jetzt im Herbst alle Obstbäume und Beerensträucher, die von Pilzkrankheiten wie Schorf, Mehltau, Kräuselkrankheit befallen waren. Dies dient der Vorbeugung fürs nächste Jahr. Auch gegen Kraut- und Braunfäule bei Tomaten, Grauschimmel bei Tomaten oder Sternrußtau bei Rosen hilft der Knoblauchsud, wenn man ihn im Herbst auf den Boden gießt.

Herbstrasur

Der Rasen ist doch noch mal gut gewachsen, oder? Also muss der Rasenmäher in Aktion, um die Gräser für den Winter auf 4 Zentimeter Länge zu schneiden. Und diesmal, eben beim letzten Mal im Jahr, sollte man den Grasschnitt sorgfältig mit einem feinzinkigen Rechen entfernen. Bei Mulchmähern ist das dringend angeraten, auch wenn mit Grasfangkorb gemäht wird, empfohlen. So verfilzt der Rasen nicht so leicht, die Grasreste können nicht faulen.

Herbstwartung

Nach der letzten Schur kann der Rasenmäher gleich in die Winterruhe geschickt werden. Benzinhahn zudrehen und auslaufen lassen, damit kein Restbenzin im Zulauf bleibt. Noch besser, das Benzin gleich vollends zu verbrauchen. Benzin verliert über den Winter an Zündfähigkeit, im nächsten Frühjahr kann es sein, dass der Mäher nicht anspringt. Dann den Rasenmäher gründlich reinigen, Grasreste und Schmutz mit einer Spachtel entfernen, alles sorgfältig bürsten. Zum Reinigen wird der Rasenmäher am besten nach hinten gekippt, damit die Zündkerze nach oben weist. Ist das nicht möglich, dringend die Betriebsanleitung befolgen, wie der Mäher seitlich gekippt wird, damit kein Öl in Luftfilter oder Auspuff gelangt.

Staudenbeet anlegen

Die Pflanzen ziehen sich langsam zur Winterruhe zurück, deshalb kann man sie jetzt gut teilen und pflanzen. Wenn Sie ein neues Staudenbeet oder eine Rabatte anlegen wollen, ist jetzt die ideale Zeit dafür. Die Erde sollte vorher sehr gründlich gelockert und von jeglichen Unkrautresten

befreit werden. Vor allem Giersch-, Quecken- und Windenwurzeln müssen raus, die Erde dafür am besten durch ein Sieb werfen. Pflanzmaterial hat man oft schnell zur Hand, denn es muss die eine oder andere Staude ohnehin durch Teilen verjüngt werden, der Nachbar hat ein paar Pflanzen übrig und in den Gärtnereien gibt es eine reiche Auswahl. Stauden nicht zu dicht setzen, man rechnet die Hälfte der späteren Wuchshöhe als minimalen Abstand. Zweijährige und Zwiebelblumen gleich mit einfügen!

Herbstmilben

Oft endet im Herbst die Gartenarbeit am nächsten Tag damit, dass man an Beinen und Armen von quälend juckenden Stichen übersät ist. Herbst- oder Erntemilben rufen die Erntekrätze hervor, die bevorzugt unter eng anliegenden Kleidungsstücken auftritt. Die Milben lauern im Gras, im Moos, an Pflanzen und krabbeln gerne unter Bündchen, in Hautfalten. Sie saugen dort und lassen sich nach Stunden fallen. Oft erst am nächsten Tag ist man dann mit Pusteln und Quaddeln übersät, ähnlich wie bei Mückenstichen, aber dicht an dicht. Um sich vor den Milben zu schützen, sollte man Handschuhe mit langem Schaft tragen, dazu Gummistiefel und lange Hosen. Beim Rasenmähen hilft es, die Hosenbeine mit Klebeband abzudichten.

Oktober warm und fein,
kommt ein scharfer Winter drein.
Ist er aber nass und kühl,
mild der Winter werden will!

Gewächshauspflege

Bei Gewächshaus und Frühbeet sollten Sie jetzt unbedingt die Scheiben putzen, denn es kommt auf jeden Sonnenstrahl an. Je kürzer die Tage werden, desto wichtiger wird das – denn die Sonne sorgt schließlich auch für Wärme. Besonders wichtig: viel Lüften. Öffnen Sie das Haus möglichst nur in den milden Mittagsstunden, damit es sich gut erwärmen kann. Bereits am Nachmittag sollten Sie es wieder schließen, um die Wärme »gefangen« zu halten.

Bodenpflege

Kümmern Sie sich auch jetzt noch um das höchste Gut des Gartens: den Boden. Denn ohne die fruchtbare Krume kann nichts wachsen. Lockern Sie die Oberfläche regelmäßig, damit bereiten Sie den Boden schon auf die kommende Winterzeit gut vor. Außerdem kehren Sie dabei Unkrautsamen und Schneckeneier nach oben, die dort schnell vertrocknen. Und es werden Spalten geschlossen, in die sich Schnecken jetzt gerne zurückziehen – so kommt es im nächsten Frühjahr nicht so schnell zu einer neuen Plage.

Überlebensinsel Garten

Weltweit ist die biologische Vielfalt an Pflanzen und Tieren bedroht, jeden Tag sterben schätzungsweise 130 Arten aus. Einer der wichtigsten Gründe dafür ist der Verlust an Lebensräumen. Wo es keine Wiesen und Wälder mehr gibt, gehen Enzian und Orchideen, Apollofalter und Hirschkäfer verloren.

In Gärten jedoch finden heutzutage viele Pflanzen wie auch Tiere Inseln zum Überleben. Jeder Haus- und Gartenbesitzer sollte sich in die Verantwortung genommen

fühlen, die Natur in sein »grünes Wohnzimmer« einzuladen. Mit geschickter Planung und etwas Überlegung ist es ganz einfach, den eigenen Garten zum Refugium für Schmetterlinge und Wildblumen zu machen – und schön ist das auch noch. Schon gewusst? Gartenrotschwanz und Goldammer, beides bedrohte Vogelarten, Kornrade und Heidenelke, zwei Blumen am Rande des Aussterbens, Wildbienen und Schmetterlinge sind in Hausgärten gut aufgehoben.

Die Vielfalt bringt's

Thomas Ohrner: »Eine Oase, Karin, das sind Gärten in jedem Fall. Jedenfalls möchte ich meinen Garten als Erholungsraum direkt vor dem Wohnzimmer nicht missen. Hier kann ich Natur pur erleben. Je bunter, desto besser. Was kann ich tun, damit Vielfalt in meinen Garten kommt?«

»Thomas, du sprichst mir wirklich aus dem Herzen. Nimmt man die rund 17 Millionen Haus- und Kleingärten in Deutschland zusammen, entspricht deren Fläche von 930 000 Hektar in etwa der Gesamtausdehnung sämtlicher Naturschutzgebiete – so viel wie rund 950 000 Fussballplätze! Pro Tag wird in unserem Land aber auch Fläche von mehr als 100 Fußballfeldern überbaut und versiegelt. Dies bedeutet, dass Gärten und Terrassen, sogar Balkons und begrünte Garagendächer zu wertvollen Rückzugsgebieten für Pflanzen und Tiere werden. Viel Raum für Vielfalt!«

Erste Regel: Bunte Vielfalt

Statt einer monotonen Rasenfläche eine bunte Blumenwiese anlegen, oder doch wenigstens keinen englischen Rasen aus nur wenigen Grassorten mühevoll zu pflegen und lieber viele verschiedene Kräuter zwischen Gräser aller Arten zu dulden – das würde vielen Wiesenblumen und Insekten eine neue Heimstatt geben. Für jede Lage, für jeden Boden gibt es passende Blumenwiesenmischungen. Die meisten Regionen Deutschlands sind ohnehin klimatisch gesehen nicht gerade begünstigt, um einen makellosen Gräserteppich zu ziehen – dafür regnet es nicht oft genug und wird im Sommer viel zu heiß. Zwischen Margeriten, Schafgarben und Glockenblumen aber gaukeln die Falter, summen die Bienen, krabbeln die Käfer.

Hecken sind höchst spannende Lebensräume, allerdings nur, wenn sie aus vielerlei Sträuchern zusammengesetzt sind. Pflanzen Sie statt eintöniger Buchs- und Thujahecken besser Gehölzstreifen aus Wildsträuchern – die tragen herrliche Blüten, liefern vitaminreiche Früchte und bereiten kaum Pflegeaufwand. Und bieten nicht nur für Vögel paradiesische Verhältnisse.

Zweite Regel: Keine Chemie

Kunstdünger und chemische Pflanzenschutzmittel sollte man aus dem Garten verbannen. Überdüngung ist problematisch. Pestizide beseitigen nicht bloß Schädlinge, sondern schaden vielfach auch Nützlingen. Zudem entziehen sie den Nützlingen die Nahrung. Wer Blattläuse bis aufs Messer bekämpft, braucht auf Marienkäfer oder Florfliegen nicht zu warten.

Wägen Sie sorgfältig ab, ob Pflanzenschutzmittel wirklich nötig sind, setzen Sie Pflanzenschutzmittel immer mit

Bedacht ein, auch biologische. Kein Mittel bleibt ohne Nebenwirkungen. Behelfen Sie sich mit mechanischen Methoden, zum Beispiel Schutznetzen über frisch gepflanzten Gemüsesetzlingen oder Abschneiden von befallenen Pflanzentrieben.

Dritte Regel: Wildwuchs willkommen

In jedem Garten gibt es eine Ecke, in der man Brennnesseln, wichtige Futterpflanzen für Schmetterlingsraupen und anderes Unkraut ruhig dulden kann. Bevorzugen Sie Pflanzen mit ungefüllten Blüten, also Wildrosen statt Zuchtrosen, damit Bienen und andere Pollen- und Nektarsucher ihren Hunger stillen können. Der schlichte Charme einfacher Blüten ist unübertrefflich!

Selbst auf dem kleinsten Balkon kann man etwas für den Erhalt der Artenvielfalt tun. Pflanzen Sie doch mal wilde Blumen, etwa Ringelblumen, Malven und Mohn in die Kästen, setzen Sie viele blühende Kräuter wie Thymian und Oregano ein.

In Beeten und Rabatten sollte das ganze Jahr über etwas blühen – als Nahrungsspender für die fliegenden Helfer. Gerade im Hoch- und Spätsommer werden die Angebote oft sehr knapp. Wenn auf den Randstreifen der Felder keine Blumen mehr geduldet werden, schaffen Sie doch im Garten Ersatz. Den gibt es aus der Samentüte: Feldblumenmischung.

Freude an der Vielfalt

Ein Garten muss kein undurchdringliches Dickicht, kein verunkrautetes Gelände sein, um der Natur nahe zu sein. Vielmehr sollte er Ihnen und allen anderen Bewohnern einen willkommenen Ort der Erholung bieten, alle sollen sich darin wohlfühlen. Damit steigt die Freude ganz bestimmt. Glücklich, wer einen solchen Garten pflegt – und Glück für alle, die in einem solchen Garten leben dürfen.

Ein Herz für Gartentiere

Ein dicker Haufen aus Gehölzschnitt, Reisig und Laub in einer ruhigen Gartenecke, das ist ein Luxusquartier für viele Nützlinge. Der Igel wird sich dort genauso gern den Winter über hinein verziehen wie Kröten oder Marienkäfer. Staudenstängel lässt man stehen, auch hier überwintern viele Nützlinge. Ins Gartenhäuschen ziehen sich Florfliegen und Schmetterlinge zurück, sofern vorhanden. Ein Florfliegenkasten aus dem Fachhandel leistet da guten Ersatz.

Übern Zaun schauen

Pflanzzeit! Sie wollen wissen, was bei Ihnen gut gedeiht? Dann spitzen Sie doch mal über die Zäune und erkunden Sie, was in der Nachbarschaft prächtig wächst. Da strotzen die Rosen nur so vor Blüten, da hängen die Himbeeren voller Früchte – das wird bei Ihnen wohl genauso werden. Was bei Nachbars dagegen schwächelt, verlangt auch im eigenen Garten mit hoher Wahrscheinlichkeit viel Aufwand, viel Fürsorge, viel Mühen. Und mag trotzdem nicht so recht was werden. Bevor Sie also zu teurem Pflanzgut greifen, sollten Sie prüfen, ob sich die Gewächse wirklich für Ihren Garten eignen. Rhododendren brauchen nun einmal einen halbschattigen Standort mit saurem Boden, Hortensien eine windgeschützte Stelle mit feuchter Erde, Süßkirschenbäume einen sehr geräumigen, geschützten Platz.

Spätherbst

Laubfall

Kurz werden die Tage, die Sonne wärmt nicht mehr. Das Leben zieht sich allmählich in den Boden zurück. Überall segelt das Laub von den Ästen, deckt die Erde zu. Der Herbststurm entreißt auch Buche und Eiche ihre trockenen Blätter.

Novemberwetter. Während sich im Garten alles zur Rast bereitet, hat der Gärtner noch eine rastlose Zeit. Es gilt Vorsorge für den Winter und die nächste Saison zu betreiben.

Die Blätter fallen,
fallen wie von weit,
als welkten in den Himmeln ferne Gärten …

Rainer Maria Rilke
(1875–1926)

Wenn der Winter vor Allerheiligen (1. November)
nicht kommt,
kommt er nicht vor Martini (11. November).

Obstgehölze pflanzen

Während immergrüne Gehölze besser zeitig im Herbst oder erst wieder im nächsten Frühjahr in die Erde kommen, ist für laubabwerfende Obstbäume (ausgenommen Aprikose, Pfirsich und Walnuss, diese besser im Frühling pflanzen), Beerensträucher, Ziersträucher und spät blühende Stauden immer noch Zeit, sie zu pflanzen. Der Boden ist noch warm genug, damit die Gehölze sich vor dem Winter eingewöhnen. Um das Einwurzeln zu unterstützen, die Erde ausgiebig gießen.

Neues braucht Schutz

Alles, was im Herbst noch frisch gepflanzt wurde, mag es gerne besonders kuschelig. Die gerade noch getriebenen Wurzeln gelten als besonders kälteempfindlich. Also: Decke drüber. Bäume und Sträucher bekommen eine dicke Packung aus Blättern über ihre Füße gezogen – dazu einfach unter der Krone eine Handbreit hoch trockenes Laub aufschichten oder zwei Finger breit Mulch anschütten. Laub noch mit ein paar Reisigzweigen beschweren, damit nicht der erste Windstoß alles davonwirbelt. Auch zwischen neu gesetzte Stauden und über vergrabene Blumenzwiebeln kommt eine solche wärmende Schicht.

Gehäufte Fürsorge

Während eingewachsene Strauch- und Kletterrosen robust sind, müssen frisch gepflanzte Rosenstöcke ebenso wie alle Beetrosen angehäufelt werden. Unbedingt vor-

her abgeworfenes Laub sorgfältig entfernen, sofern von Sternrußtau oder Mehltau befallen. Sonst können diese Schadpilze unter dem Winterschutz überdauern und die Rosen im nächsten Frühling umgehend wieder infizieren. Die verdickte Veredelungsstelle wird zum Schutz gegen Austrocknung knapp über der Erdoberfläche mit lockerer Erde überhäuft, zusätzlich kommen noch trockenes Laub und ein paar Fichtenzweige darüber. Dazu zieht man einfach die Erde im Beet rundum zu den Rosenstöcken. Kompost sollte, wenn überhaupt, nur lange abgelagert und komplett vererdet verwendet werden. Frischer Kompost ist reich an Nährstoffen. Diese könnten in warmen Perioden die Rosen nochmal zum Treiben anregen. Durch winterliche Niederschläge werden die Nährstoffe auch nur ausgewaschen.

Hortensien pflegen

Die dicken Blütenbälle der Bauernhortensien, die großen Scheiben der Tellerhortensien, die üppigen Halbkugeln der Samthortensien haben schon lange ausgeblüht, sind aber immer noch überaus attraktiv. Man lässt die alten Blüten am besten an den Sträuchern. Sie wirken als natürlicher Winterschutz für die doch recht empfindlichen Sträucher. Erst im Frühjahr entfernt man sie knapp oberhalb eines gesunden, austriebsfähigen Knospenpaars. Blüten bei den Hortensien der Serie 'Endless Summer' vertragen dagegen einen mehrmaligen Rückschnitt der Blüten, sie treiben immer wieder gut nach. Schneeball- und Rispenhortensien gelten als gut frostfest, bei ihnen werden jetzt im Spätherbst, spätestens im Nachwinter, alle Triebe bis auf kurze Stücke zurückgeschnitten.

Umgraben oder Lockern

Jeden Herbst stellen sich erneut die Fragen: Muss man den Boden im Gartenbeet umgraben? Oder braucht man nur zu lockern? Oder soll man besser gar nichts tun? Die Antwort heißt: Je nachdem. Schwere, tonreiche Böden gräbt man um, damit der Frost die Erde sprengt und zerkrümelt. Mittelschwere Böden kann man einfach nur mit der Grabgabel lockern, so bleibt das Bodenleben in seiner natürlichen Schichtung. Und leichte Böden deckt man einfach nur mit Mulch ab, die brauchen erst im Frühling bearbeitet zu werden.

Kompost abdecken

Aus den Gartenabfällen wird durch Kompostierung beste Erde, wenn die Bedingungen für die Verrottung ideal sind. Jetzt ist es wichtig, auf die richtige Feuchtigkeit zu achten. Kompost sollte sich anfühlen wie ein zwar nasser, aber gut ausgedrückter Schwamm. Wenn kühle Tage die Verdunstung herabsetzen, viel Niederschläge fallen und der Kompost zu vernässen droht, sollten Sie Ihre Kompostmiete abdecken. Dafür eignen sich Stroh, Laub, Sackleinen oder auch Vlies. In jedem Fall muss das Material luftdurchlässig sein, damit es nicht zu Fäulnis kommt.

Hat die Eiche viele Eicheln,
wird der Winter streng uns streicheln.

Frostschutzarbeiten

Immergrüne Sträucher fühlen sich im hiesigen Winter nicht gerade wohl. Sie leiden weniger unter Frost als un-

ter zu viel Nässe. Deshalb bekommen Rhododendren, Stechpalmen, Buchs und Bambus jetzt eine dicke Mulchschicht untergelegt, das hält den Boden länger warm und feucht. Dafür eignen sich trockenes Laub oder Rindenhumus, aber auch zierende Rindenschnitzel. Lavendel, Currykraut, buntblättrige Salbeisträucher, Rosmarin, Olivenkraut und Weinraute werden mollig eingepackt, sie werden rundum mit Laub umfüttert oder in Wintervlies eingewickelt.

Einwinterungsaktionen

Dahlien, Gladiolen, Knollenbegonien und weitere Knollengewächse, die nicht winterhart sind, müssen jetzt ins Winterlager. Hat der Frost die oberirdischen Teile zum Absterben gebracht, werden die Stängel ungefähr eine knappe Handbreit über dem Ansatz gekappt. Die Knollen holt man mit einer Gabel aus dem Boden und lässt sie zunächst noch 1 bis 2 Wochen an einem kühlen, trockenen Ort liegen. Dann kann die noch anhaftende Erde abgeschüttelt werden. Man packt die Knollen dann in Sägespäne, Rindenhumus oder in gelochte Plastiktüten und lagert sie dunkel und kalt bei 5 °C.

Gräser stehen lassen

Grashalme sind hohl. Werden sie jetzt abgeschnitten, kann Nässe und Kälte tief ins Herz der Grashorste eindringen. Das führt zu Fäulnis oder zum Auswintern, das heißt, das Wasser in den Halmen gefriert und sprengt sie, hebt den ganzen Buschen aus der Erde. Deshalb unbedingt die trockenen Halme stehen lassen, am besten im oberen Drittel fassen und locker zusammenbinden. So entsteht eine Art Tipi, Nässe kann außen ablaufen. Die neuen Triebknospen bleiben gut geschützt. Nicht zu vergessen, dass Gräser mit ihren filigranen Halmen und Blütenresten im Winter äußerst reizvoll sind! Außerdem dienen die hohlen Stiele vielen Nützlingen wie Schwebfliegen, Rüsselkäfern, Erzwespen, Wildbienen oder Ohrwürmern als Unterschlupf und Winterquartier.

Bevor du Simon-Judas (28. Oktober) schaust, pflanze Bäume, schneide Kraut.

Kraut ernten

Nach den ersten leichten Frösten ist es Zeit, die Gemüsebeete zu räumen. Kraut und Rüben, letzte Tomaten und Rettiche kommen in die Küche. Lässt man von Mangold und Sellerie die Wurzeln in der Erde und deckt sie mit Laub ab, treiben sie im Frühling wieder aus, man hat dann gleich frisches Gemüse. Draußen bleiben Wintersalate wie Chinakohl und Endivien, allerdings sollte man sie zum Schutz vor Nässe mit Vlies oder einem Folientunnel überdecken.

Rosenkohl mag's kalt

Rosenkohl und Grünkohl stehen noch auf den Gemüsebeeten, ihnen macht Frost nichts aus. Im Gegenteil, durch die Kälte werden die Gemüse viel schmackhafter, weil zuckerreicher. Geerntet werden die Kohlsorten nur in aufgetautem Zustand, sonst gibt es leicht Faulstellen. Winterendivien sollte man vor Frost dagegen gut schützen, am besten doppelt Vlies oder eine Strohmatte überlegen. Zuckerhut und Chinakohl sind etwas robuster, hier reicht eine leichte Mulchdecke aus Laub.

Wohin mit dem Laub?

Barbara Jelen: »In meinem Garten steht nicht nur ein Bäumchen, es ist ein richtiger Waldgarten mit alten Eichen und Buchen, mit Holunder und Haselnusssträuchern. Ein wunderbarer Anblick, wenn sich im Herbst das Laub verfärbt und dann langsam zu Boden segelt, auf den Rasen, die Staudenbeete und die Kieswege! Nur stellt sich jedes Jahr die Frage: Was mache ich mit all dem Laub? Was würdest du raten, Karin?«

»Für die Tonne, Barbara, ist es viel zu schade – denn Laub ist ein wertvoller Rohstoff im Garten. Erstaunlich große Mengen an Herbstlaub lassen sich sehr gut im Garten nutzen.«

Liegenlassen oder wegkehren?

Aus dem Herbstlaub wird in freier Natur wieder Humus, aus dem sich die Pflanzen Nährstoffe holen, um wieder frische Blätter zu treiben. Die alten, abgeworfenen Blätter sind nur eine Station im Kreislauf der Natur. Wer das versteht, wird Herbstlaub nie als unnützen Abfall begreifen, sondern es recyceln. Beispielsweise als Mulchdecke auf abgeräumten Beeten oder in Hochbeeten. Unter einer Laubdecke bleibt die Erde den Winter über gut geschützt, die Bodenlebewesen, allen voran Regenwürmer, freut's. Schon im Frühling ist das meiste verrottet, das Beet bereit für die nächste Saat.

Laub kann man auch gut unter Bäume und Sträucher kehren, dort hält es die Wurzeln der Gehölze warm und liefert gleich wieder verlorene Nährstoffe nach. In Staudenrabatten dient Laub zwischen den Blumen als natürlicher Winterschutz, hält sowohl scharfe Fröste wie auch eisige Winde und vor allem allzu starke Temperaturschwankungen ab.

Entfernen muss man das Laub dagegen immer vom Rasen, damit die Gräser darunter nicht faulen. Und gekehrt werden auch Wege und Treppen, damit man auf feuchtem Laub nicht ausrutscht. Warum nicht gleich in einer stillen Gartenecke einen Haufen aufschütten, in dem Igel und Co. ein heimeliges Winterquartier finden?

Bester Winterschutz

Trockenes Herbstlaub isoliert gut. Man kann damit Kübelpflanzen einpacken, die draußen überwintern, Rosen anschütten, Lavendelbüsche einpacken, die Baumscheibe frisch gepflanzter Gehölze überziehen oder Pflanzflächen mit Zwiebelgewächsen überdecken. Vom Laub gut gepolstert können die Unbilden des Winters kaum Schaden anrichten.

Laub kompostieren

Schnell verrottendes Laub von Ahorn, Linde, Esche, Birke, Weide, Robinie sowie vielen Sträuchern wie Hasel, Forsythie oder Holunder darf in kleinen Mengen auf den Kompost. Mit Grasschnitt, Küchenabfällen oder anderem Grüngut gemischt zersetzt es sich dort rasch. Einfach mit dem Rasenmäher zerschreddern, dann verrottet alles nochmal so schnell.

Hat man aber große Mengen davon oder gar Laub von Eiche, Walnuss, Platane, Buche, Ginkgo, Kastanie, empfiehlt sich das Aufsetzen eines eigenen Laubkomposts.

Hier setzt man das Laub eigens auf, mischt es mit stickstoffreichen Zugaben und erhält als Ergebnis einen besonderen Kompost: feinsten Laubkompost. Der gilt als wahres Gold der Gärtner. Er duftet hervorragend nach gutem Waldboden, fühlt sich samtig weich an, hat eine besonders gute, feinkrümelige Struktur, kann sehr viel Wasser speichern, liefert besonders ausgewogen Nährstoffe nach – kurzum: ist bestens zur Bodenverbesserung geeignet.

Dafür schichtet man in einen eigenen Komposter oder in eine Miete möglichst gut zerkleinertes Laub (Rasenmäher!) im Wechsel mit klein gehäckseltem Gartenabfall. Auf jede Schicht gibt man ein paar Schaufeln frischen Gartenkompost, Erdreich oder Mist (z. B. Kleintiermist), ersatzweise auch ein paar Handvoll Hornspäne. Auch Brennnesseln können als Stickstofflieferanten hier gut verwertet werden.

Der Laubkompost darf wie jeder gewöhnliche Gartenkompost weder zu trocken noch zu nass sein, fehlende Feuchtigkeit ergänzt man am besten mit Kräuterjauche oder Brennnesselbrühe. Obenauf legt man Reisig oder Vlies, das verhindert übermäßige Vernässung wie Austrocknung. Im zeitigen Frühjahr setzt man den Kompost am besten einmal um, lockert bei Bedarf mit Häckselgut oder gibt noch etwas frischen Kompost zu. Und lässt den Laubkompost reifen.

Je nach Zusammensetzung und Laubart ist nach 2 bis 3 Jahren der Laubkompost fertig. Ideal zur Aufwertung von Gemüse- wie Blumenbeeten, zur Verbesserung der Erde in Frühbeet und Gewächshaus und selbst zum Mischen von Blumenkastensubstrat geeignet.

Winter

Zeit der Ruhe

Nun heißt es ausharren, aber auch ausruhen. In der Natur regt sich kaum etwas. Raureif verzaubert die Standhaften im Garten, Schnee deckt selbst Unerschrockene gnädig zu. Doch ab und an blitzt es vorwitzig auf, wenn Christrosen und Zaubernuss die warmen Tage zum Blühen nutzen.

Drei Monate, von Dezember bis Februar, dehnt sich der Winter. Das gibt Muße für Nachlese und Vorbereitung.

An den Winter

Willkommen, lieber Winter,
Willkommen hier zu Land!
Wie reich du bist, mit Perlen
Spielst du, als wär' es Sand!

Den Hof, des Gartens Wege
Hast du damit bestreut;
Sie an der Bäume Zweige
Zu Tausenden gereiht.

Dein Odem, lieber Winter,
Ist kälter, doch gesund;
Den Sturm nur halt' im Zaume,
Sonst macht er es zu bunt!

Elisabeth Kulmann
(1808–1825)

Auf kalten Dezember mit tüchtigem Schnee folgt ein fruchtbares Jahr mit üppigem Klee.

Saison-Endkontrolle

Rasen vom Laub befreit? Beete abgedeckt? Rosen angehäufelt? Empfindliche Stauden geschützt? Ziergrashorste zusammengebunden? Kräuter mit Winterschutz versehen? Obstbaumstämme geweißelt? Leimringe angelegt? Immergrüne Gehölze gegossen? Wasser abgedreht und Tonnen entleert? Kübel gut eingepackt? Werkzeug gereinigt? Winterquartier gelüftet?

Noch schnell was ernten

Bevor es richtig kalt wird: Von Lorbeer, Rosmarin und Thymian, die man oft nur schwer durch den Winter bringt, jetzt noch Blätter ernten. Diese trocknet man, beispielsweise auf mit Küchenpapier ausgelegten großen Tabletts. An einem warmen Ort werden die Blätter innerhalb weniger Tage rascheltrocken. Dann in Gläser oder Dosen verpacken – fertig ist der Vorrat für den Winter. Lorbeer als Würze für deftige Eintöpfe und feine Braten, Rosmarin als Zutat für Saucen oder zum Baden, Thymian als Beigabe für Suppen oder zum Aufgießen von Tee gegen Erkältungen. Ab November, Dezember wird Grünkohl, das vitaminreiche Kohlgemüse, erst richtig schmackhaft. Je später man erntet, desto süßer werden die Blätter, weil aufgrund der Kälte nur noch Zucker produziert, aber nicht mehr in Stärke umgewandelt wird. Die Strünke dürfen ruhig auf dem Beet stehen bleiben. Im Frühjahr schieben sich daraus zarte Triebe hervor, die nochmals ein leckeres Gemüse ergeben.

»Der Boden sollte den Himmel nie sehen.«

Stimmt, denn nackte Erde ist allen Witterungseinflüssen schutzlos ausgesetzt. Regen, Wind und Kälte können dem Boden, das wichtigste Gut eines jeden Gartens, ziemlich zusetzen. Selbst bei schweren Böden, die man früher stets über den Winter grobschollig umgegraben liegen ließ, damit der Frost die Brocken sprengt und lockert, nutzt man besser eine Gründüngung. Probieren Sie es doch mal aus in der kommenden Saison: Lassen Sie auf einer kleineren Fläche die Hälfte des Boden unbedeckt, die andere Hälfte säen Sie ein, zum Beispiel mit Sommerblumen – und prüfen Sie einige Wochen später nach. Bei der nackten Fläche wird die Erde hart und rissig sein, auf der bepflanzten dagegen locker und feinkrümelig.

Schnitt nach Maß

Was darf oder soll man von Obstgehölzen wann schneiden? Geschnitten wird nur bei frostfreier, trockener Witterung. Grundregel: Je früher ein Obstbaum blüht, desto später sollten Sie ihn schneiden. Im Hoch- und Nachwinter sind Kernobst, also Apfel, Birne oder Quitte, dazu Johannisbeer- und Stachelbeersträucher an der Reihe. Beim Steinobst dagegen wartet man generell bis ins Frühjahr. Vor allem für Pfirsich- und Aprikosenbäume ist ein früher Schnitt gefährlich, denn bei ihnen erfriert leicht die lebende Schicht des Holzes, die Zweige treiben nicht mehr aus. Warten Sie hier bis zur Blütezeit.

> **»Wenn man seinen Hut durch den Baum werfen kann, ist er richtig geschnitten.«**

Im Prinzip stimmt dies, aber es gibt doch Einschränkungen. Der Kronenaufbau muss locker und licht sein, damit Luft und Licht ins Innere kommen, so mindert man das Risiko von Schädlings- und Krankheitsbefall und sorgt für eine gute Reife der Früchte. Aber die Kronen dürfen nicht völlig kahl und hohl werden, weil der Baum dann in seiner Wuchsleistung eingeschränkt wird und schnell vergreist. Außerdem weist der Spruch darauf hin, dass beim Schnitt keine Aststummel als Huthaken stehen bleiben dürfen.

Obstbäume schützen

Ohne kräftigen Stamm keine ertragreiche Krone, denn über den Stamm sind die Äste mit den Wurzeln verbunden. Grund genug, die Stämme der Obstbäume pfleglich zu behandeln. Ein »Peeling« und eine »Maske« als Wellness-Kur sind angesagt. Reinigen Sie die Stämme mit einer Wurzelbürste von losen Rindenschuppen, unter denen sich häufig Schädlinge einnisten. Pappe unterlegen, um alles Abgebürstete aufzufangen und zu entsorgen. Dann tragen Sie einen Baumanstrich auf, dafür eignet sich ein dicker Brei aus Steinmehl und Wasser beziehungsweise ein Weiß- oder Kalkanstrich. Das schützt vor Frostrissen. In ländlichen Gärten nagen Hasen und Kaninchen im Winter gerne die Rinde von jungen Obstbäumen. Um dies zu verhindern, die Stämme mit engmaschigem Draht oder einem speziellen Verbissschutz umgeben.

Die Tage werden länger –
Von Weihnachten bis Dreikönig ein Hahnentritt,
Von Dreikönig bis Lichtmess ein Männerschritt.
Diese Weisheit hat mir der Volkskundler
Norbert Heumann verraten.

Den Christbaum verwerten

Wenn der Christbaum aus der Stube geräumt wird, muss er keineswegs der Entsorgung zugeführt werden. Die Zweige sind, von allem Schmuck befreit, ideal zur Abdeckung von Beeten, Rosen oder Gewürzkräutern geeignet. Wer beispielsweise seinen Rhabarber jetzt dick einpackt, der kann ihn besonders früh ernten. Selbst der entastete Stamm kann noch neu genutzt werden, zum Beispiel als Rankstütze für Bohnen oder als Halterung für Meisenknödel und anderes Vogelfutter.

Zudecken, wo kein Schnee schützt

Wohl dem Garten, der im Winter eine dicke Schneedecke hat – dort sind alle Pflanzen bestens geschützt. Wo die weiße Pracht fehlt, leiden viele Pflanzen in den derzeit so frostigen Nächten und bei eisigem Wind. Kahlfrost, also Bodenfrost ohne wärmende Schneeschicht, macht vor allem Rosetten- und Polsterpflanzen, die samt ihren Blättern überwintern, zu schaffen. Diese Pflanzen sollten Sie mit einer leichten Abdeckung versehen. Ein Fichtenzweig, ein Stück Vlies, etwas Laub – und schon überstehen die Pflanzen den Winter viel besser. Wichtig ist das vor allem bei Arten, die nur als »bedingt winterhart« gelten, zum Beispiel Bechermalve, Bartfaden, Schmucklilie, Säckelblume oder Junkerlilie, ebenso für im Herbst gepflanzte Stiefmütterchen oder überwinterndes Gemüse.

Der Januar muss krachen,
soll der Frühling lachen.

Gartenpflanzen zum Räuchern

Petra Mentner: »Beim Räuchern, so sagt man, verbinden sich über den würzigen Rauch Himmel und Erde. Ich finde es richtig himmlisch, wenn man diese alte Tradition des Räucherns wieder aufleben lässt. Um aber auf der Erde zu bleiben, kann ich Pflanzen zum Räuchern eigentlich im eigenen Garten ziehen?«

»Kannst du sehr gut, Petra. Es muss nicht immer Weihrauch sein – viele weitere heimische Pflanzen werden seit alters her zum Räuchern verwendet. Da trägt man etwa zu Dreikönig nach gutem altem Brauch eine Räucherpfanne über den gesamten Hof, um Haus, Menschen und Vieh zu segnen. Gemeinhin werden dafür Salbei, Beifuß oder Engelwurz verräuchert. Man erbittet Gesundheit und Glück, gutes Gedeihen und reiche Ernte. Ganz nebenbei reinigt man dabei die Luft – Probleme lösen sich nicht nur sprichwörtlich in Rauch auf. Räuchern, so heißt es, tut Körper, Geist und Seele gut.«

Räucherkräuter aus dem Garten

Eine der am häufigsten verwendeten Pflanzen zum Räuchern ist der Beifuß, der sowohl im gut gepflegten Kräuterbeet auf fettem Boden wie auch am Straßenrand auf kargem Untergrund prächtig gedeiht. Ein Büschel aus getrockneten Stängeln wird mancherorts an einen großen,

frei schwingenden Ast eines Obstbaums gehängt und entzündet. Man kann das Kraut auch zu kleinen faustgroßen Kugeln zusammenballen und entzünden. Genügend frischen Luftzug vorausgesetzt, glimmt der Beifuß auch ohne weitere Vorkehrungen. Beifuß, so heißt es, wirkt schützend, segnend und reinigend, er wärmt die Seele und bringt klare Sicht.

Salbei verströmt einen angenehmen, würzigen Räucherduft und wird nicht nur als Tee gegen Husten, sondern auch räuchernd zur Linderung von Erkältungen eingesetzt. Aber Salbei reinigt auch die Luft, sorgt für gute Gedanken. Man legt einfach einen Stängel samt Blättern in eine feuerfeste Schale oder formt aus reichlich trockenen Blättern eine Kugel, entzündet sie und fächelt – mit einer schönen großen Feder – immer reichlich Luft hinzu. Damit schreitet die ganze Familie traditionsgemäß alle Räume des Hauses ab, der Rauch soll dabei in alle Winkel gelangen und sämtliche Dämonen verscheuchen. Nicht vergessen, dabei oder danach die Fenster zu öffnen, damit »dicke Luft« auch abziehen kann. Mit Salbeirauch verscheucht man übrigens sehr effektiv Essensdünste aus der Küche.

Lavendel rühmt man für seine desinfizierenden Kräfte. Dazu beruhigt er aufgeregte Gemüter. Wie alle vom Lavendelsäckchen im Wäscheschrank wissen, hält Lavendel Ungeziefer fern. Trockene Blütenstängel eignen sich zum Räuchern ebenso wie Blätter. Besonders schön duften Blüten, die auf glühende Räucherkohle gelegt werden, eventuell ergänzt mit Rosenblütenblättern und Harzen.

Ebenso geeignet sind alle mediterranen Gewürzkräuter wie Rosmarin, Thymian, Ysop oder Lorbeer, ebenso Melisse und Minze, von denen man einzelne Zweige zum

Räuchern bündelt und zum Glühen bringt oder nur deren Blätter auf Räucherkohle verräuchert. Harze besorgt man sich am besten im Fachhandel, Olibanum, Weihrauch oder Copal gedeihen ohnehin nicht in unseren Breiten. Harze von Nadelbäumen kann man in kleinen Portionen von Bäumen abbröckeln, wenn sie erstarrt sind. Keinesfalls erlaubt ist, flüssige Harze von den Bäumen im Wald abzukratzen oder gar die Stämme anzuritzen. Denn das Harzen ist ein lebenswichtiger Prozess, mit dem Bäume ihre Wunden verschließen.

Räuchern mit Wurzeln

Alant und Angelika, zwei alte Bauerngartenpflanzen, liefern Wurzeln voller Kraft. Alantwurzel verströmt einen holzigen, zart an Veilchen erinnernden Duft, der Lebensfreude schenkt und melancholische Gedanken in den dunklen Tagen verscheucht. Beim Räuchern von Angelika oder Engelwurz steigt ein sehr kräftiger, herb-würziger Duft auf, der schleim- und krampflösend wirkt, Abwehr und Zuversicht stärkt. Würzig scharf wie der Geschmack ist auch der Rauch von Ingwerwurzel, mit dem der Energiefluss stabilisiert wird. Schließlich noch etwas für die Liebe: Iris- oder Veilchenwurzel, deren blumiger Duft angenehme Zweisamkeit verheißt.

Räucherkräuter in den Garten holen

Neben Beifuß, Salbei und Lavendel kann man den Garten mit attraktiven Kräutern bereichern, die sich ganz besonders gut zum Räuchern eignen – nicht nur zu den Raunächten.

Eine Variante zum Beifuß etwa stellt die Silberraute (*Artemisia ludoviciana*) dar, ein apart silbrig belaubter

Halbstrauch. Wächst sehr gut auf trockenen, mageren Böden, braucht kaum Pflege und passt gut zu rosafarbenen oder violetten Blütenstauden wie Katzenminze.

Unter den Salbei-Arten empfiehlt sich beispielsweise der Weiße oder Indianische Rauchsalbei *(Salvia apiana)* oder der schwarz blühende Peruanische Salbei *(Salvia discolor)* mit besonders hohem Harzgehalt – beides elegante Kübelpflanzen. Auch der Muskatellersalbei *(Salvia sclarea)* und der Russische Salbei (*Perovskia atriplicifolia),* auch Blauraute genannt, entwickeln würzig-aromatische Aromen.

Eine Besonderheit unter den Räucherpflanzen ist das Mariengras *(Hierochloe odorata).* Es zeigt sich nicht unbedingt schmückend, hat aber einen unvergleichlich süß-aromatischen Duft. Die Halme werden zu Zöpfen geflochten und dann einfach angezündet.

Anhang

Bildlegenden

Seite 8–9
Rosafarbene Geranienträume, umfangen von violetten Petunientrichtern – das ist eine glückliche Blütenliaison. Beide Sommerblumen, *Geranium* und *Petunia*, stellen dieselben Ansprüche an Licht, Wasser und Nährstoffe, da nimmt keine der anderen etwas weg.

Seite 11
Allein beim Anblick steigt einem der typische Duft in die Nase – Maiglöckchen *(Convallaria majalis)* sind etwas Wunderbares. Auch für den Garten, in halbschattiger Lage auf humusreichem Boden wachsen die Waldpflanzen gerne zu dichten Beständen heran.

Seite 13
Hoher Staudenphlox *(Phlox paniculata)* und Stockrosen *(Alcea rosea)* sorgen mit Blütenbällen und Blumenkerzen für Aufsehen im spätsommerlichen Garten.

Seite 18–19
Der Schnee ist noch nicht geschmolzen, da regt sich bereits Leben: Vorfrühlings- oder Elfenkrokusse *(Crocus tommasinianus)* recken ihre zarten Blütenkelche vorwitzig der Sonne entgegen.

Seite 20
Schneeglöckchen *(Galanthus)* – wichtige Bienennahrung

im Vorfrühling. Lässt man sie ungestört wachsen, vermehren sie sich immer weiter. Ameisen tragen die Samen im ganzen Garten herum.

Seite 23
Bauern- oder Gartenhortensien *(Hydrangea macrophylla)* treiben früh aus, die Knospen sind durch Spätfröste gefährdet. Deshalb die Sträucher stets an eine gut geschützte Stelle pflanzen.

Seite 24
Das Leberblümchen *(Hepatica nobilis)* beeilt sich mit dem Blühen, solange es durch die noch unbelaubten Baumkronen, unter denen es wächst, genügend Sonnenlicht bekommt.

Seite 27
Seidenfein und streichelzart: Die männlichen Blütenstände der Weiden *(Salix)*, auch Kätzchen genannt. Bald werden sich durch den Pelz die goldgelben Staubgefäße herausstrecken.

Seite 30
Steigt die Sonne höher, erwärmt sich der Boden und es gibt für die Gartenpflanzen kein Halten mehr. Alles drängt ans Licht, so wie die Akelei *(Aquilegia)*, deren zarte Blätter mehr aushalten als vermutet.

Seite 33
Wie kleine Sonnen leuchten die Blüten vom Huflattich *(Tussilago farfara)*, die sich an schuppigen Stängeln weit vor den hufeisenförmigen Blättern entfalten.

Seite 49

Wird es erst mal warm, gibt es kein Halten mehr, auch nicht für die Blüten vom Spitzahorn *(Acer platanoides)*. Die kann man übrigens essen, sie schmecken zart herb, aber dank des Nektars auch süß.

Seite 50

Wagt sie es oder wagt sie es nicht, die kleine Schnecke? Gehäuseschnecken sind keine Schädlinge wie Nacktschnecken, sie ernähren sich vorwiegend von abgestorbenen Pflanzenteilen.

Seite 53

Unkraut oder nicht, das ist die Frage. Löwenzahn *(Taraxacum officinale)* lässt sich vielseitig nutzen, die Blätter für Salate, die Blüten für Sirup, die Wurzeln für Kaffee.

Seite 54

Brennnesseln *(Urtica dioica)* strotzen vor Nährstoffen. Das bekommt den Gartenpflanzen gut, sie werden mit Nesselbrühe oder -jauche gegossen.

Seite 56–57

In Japan feiert man Kirschen zu Ehren jährlich ein Frühlingsfest, hierzulande verspricht die Süßkirschenblüte *(Prunus avium)* die Aussicht auf knackige Früchte.

Seite 58

Kult um den Kulturapfel *(Malus domestica)*: Vor allem bei alten Sorten duften die Blüten gut. Und bringen schmackhafte Früchte, die man sonst nirgends kaufen kann.

Seite 61

Der Kohlrabi *(Brassica oleracea* var. *gongylodes)* bildet zwischen Wurzel und Stängel oberhalb der Erdoberfläche eine kugelige Knolle, wird deshalb auch Ober- oder Stängelrübe genannt.

Seite 62

Beizeiten heißt es rund um hochwüchsige Stauden wie Staudenphlox *(Phlox paniculata)* eine Stütze anzubringen. Dafür einfach mehrere stabile Stäbe zu einem Zelt rundum stecken.

Seite 65

Blau, so blau: So farbkräftig bleibt die Bauernhortensie *(Hydrangea macrophylla)* nur mittels eines Tricks: Sie muss richtig gedüngt werden.

Seite 66

Schwebfliegen geben nur vor, gefährlich wie Wespen zu sein. In Wahrheit sind sie völlig harmlos, sogar sehr nützlich. Während die erwachsenen Tiere in Blüten, hier vom Aufrechten Fingerkraut *(Potentilla recta)* Nektar suchen, vertilgen ihre Larven eifrig Blattläuse.

Seite 69

Bloß nicht zu tief setzen, sonst fault das Herz: Salatsetzlinge *(Lactuca)*.

Seite 70

Mit einem Vertikutierrechen zerschneidet man den Filz aus alten Blattresten, bringt Luft an die Wurzeln, lässt die Gräser kräftig wachsen und bietet dem Moos Paroli.

(Myriophyllum spicatum) sorgen für eine gute Sauerstoffversorgung im Teich.

Seite 85
Vorne keimen die Radieschen, in der Mitte wachsen die Lauchzwiebeln, hinten wuchern die Rettiche – Gemüsespaß frisch vom Beet. Wer in Sätzen, also kleine Portionen nacheinander zu verschiedenen Zeiten sät, dehnt die Erntezeit gut aus.

Seite 86
Stabtomaten *(Solanum lycopersicon)* muss man regelmäßig ausgeizen, dabei werden die in den Blattachseln erscheinenden Seitentriebe einfach mit den Fingern herausgezwickt.

Seite 89
Es müssen nicht immer die Kirschen *(Prunus)* aus Nachbars Garten sein, am besten schmecken doch die eigenen. Frühe Süßkirschensorten reifen in milden Regionen schon ab Anfang Mai, die Ernte der letzten späten Sorten endet gewöhnlich im August.

Seite 90
Die Englische Rose 'Abraham Darby', benannt nach einem Pionier der englischen Schwerindustrie, treibt ihre Blüten vom Frühsommer bis in den Spätherbst hinein.

Seite 93
Die Garten-Gänsekresse *(Arabis caucasica* 'Plena') trägt zu Beginn des Frühsommers ein rauschendes Rüschenkleid, ganz in Weiß.

Seite 94

Apfel- oder Kartoffelrosen *(Rosa rugosa)* begeistern mit stark duftenden, leuchtend pinkfarbenen Blütenschalen, aus denen später dicke Hagebutten hervorgehen.

Seite 96–97

Silbern befilzte Edelgarbe *(Achillea)* und frischgrüne Bunt-Wolfsmilch *(Euphorbia epithymoides)*, was für ein Paar! Nicht nur bezaubernd schön, sondern auch noch sehr pflegeleicht.

Seite 98

Ihren Namen verdankt die Rote Johannisbeere *(Ribes rubrum)* ihren Früchten, die rot leuchten und zu Johanni, am 24. Juni, reifen.

Seite 101

In der Gießkanne steht lebensnotwendiges Wasser bereit, um den Durst der Pflanzen im Hochsommer zu löschen.

Seite 102

Frühmorgens glitzern – ähnlich wie beim Frauenmantel, an den Blattzähnen beim Kleinen Wiesenknopf *(Sanguisorba minor)* Wassertropfen, die er über Nacht aus Wasserspalten herauspresst.

Seite 105

Dahlien *(Dahlia)* stehen sicher, wenn man ihnen eine stabile Stütze anbietet. Drei oder vier Stäbe rundherum in den Boden treiben, Schnüre zum Anlehnen spannen.

Seite 118–119

Fraglos die verlockendsten Früchte unter den Gemüsen: Tomaten *(Solanum lycopersicum)!* Unbestritten köstlich, wenn sie aus eigener Anzucht kommen.

Seite 120

Japan-Anemonen *(Anemone japonica)*, hier die weiße, halbgefüllte Sorte 'Honorine Jobert', beginnen bereits im Spätsommer zu blühen, treiben aber bis Herbst immer neue Blütenknospen.

Seite 123

Je fleißiger man von Zucchini *(Cucurbita pepo* subsp. *pepo* convar. *giromontiina)* erntet, desto mehr knackige Früchte wachsen nach.

Seite 124

Tomaten *(Solanum lycopersicum)* in einer Formenfülle, das einem das Herz lacht. Und erst der Gaumen, was den für Freuden erwarten.

Seite 127

Kirschpflaumen *(Prunus cerasifera)* werden oft falsch eingeschätzt. Die rundlichen Steinfrüchte, je nach Sorte violett, rot oder gelb, schmecken gut und lassen sich zu vielerlei Köstlichkeiten verarbeiten.

Seite 128

Der Sommer neigt sich, die Blütenfarben werden sanfter. So wie beim Heidekraut *(Calluna vulgaris),* auch als Sommer- oder Besenheide bekannt.

Seite 167

Nicht zu Unrecht bezeichnen viele Poeten den Herbst
als begnadeten Maler.

Seite 168

Kornraden *(Agrostemma githago)* sind in den Getreide-
äckern selten geworden, finden im Garten aber eine
Zuflucht. Samen kann man sammeln, oft aber säen sich
die Blumen selber aus.

Seite 171

Schlehen *(Prunus spinosa)* werden erst durch Frost
richtig genießbar, denn durch den Kälteeinfluss werden
Gerbstoffe abgebaut und Fruchtzucker angereichert.
Wer nicht auf den Frost warten will, legt die Früchte für
einige Tage in die Tiefkühltruhe.

Seite 172

Gärten werden für die Vielfalt der Natur immer wichtiger. Sie sind Refugien für viele Tiere wie das Blutströpf-
chen, ein kleiner Schmetterling. Hier hat er auf einer
Wilden Möhre *(Daucus carota)* Platz genommen.

Seite 175

Wer die entsprechenden Pflanzen wie Schmetterlingsflie-
der *(Buddleja davidii)* in seinen Garten setzt, bekommt
sie häufig zu sehen: Schmetterlinge wie das Tagpfauenauge.

Seite 176

Da geht einem das Herz auf, wenn man in einer bunten
Wiese steht! Das muss kein Traum bleiben, dafür muss

man nicht mal weit fahren, sondern das kann man im eigenen Garten verwirklichen.

Seite 179
Ein deutliches Zeichen der Natur für den Vollherbst ist, dass Rosskastanien *(Aesculus hippocastanum)* von den Ästen fallen. Zeit zum Basteln.

Seite 180–181
Die letzten Blüher: Glattblatt-Astern *(Aster novi-belgii)*. Wer sie alle drei bis vier Jahre teilt und neu pflanzt, wird mit üppiger Blütenfülle belohnt.

Seite 182
Das Laub rieselt, segelt, fällt. Und ist viel zu wertvoll, als dass man es als Abfall betrachten darf. Es dient als Winterschutz, als Humuslieferant, als Igelbehausung und vieles mehr.

Seite 185
Als einer der letzten Bäume verliert der Apfelbaum *(Malus domestica)* sein Laub. Es verrottet schnell, darf daher unbesorgt auf den Kompost.

Seite 186
Auch das Alter hat seine ganz besonderen Reize: trockene Blütenstände von Hortensien *(Hydrangea)*. Kaum zu überbieten, wenn Reif daran glitzert.

Seite 189
So hat das Hochbeet seine liebe Winterruh', deckt man es dick mit Herbstlaub zu.

Seite 202

Bis tief in den Winter hängen die glasig-knallroten, aber sehr bitteren Früchte beim Gewöhnlichen Schneeball *(Viburnum opulus)* an den Zweigen. Vögel verputzen sie erst, wenn es gar nichts anderes mehr gibt.

Seite 205

Gegen das Licht erkennt man die durchscheinenden Ölbehälter im Blatt eines Lorbeers *(Laurus nobilis)*, in denen die kräftige Würze steckt.

Seite 206

Steif gefroren harrt der Mangold *(Beta vulgaris* subsp. *vulgaris)* auf bessere Zeiten.

Seite 209

Schmuckstücke der besonderen Art: Was man im Sommer als unansehnlich wegpflückt, wird im Winter zum bewunderten Kleinod. Das Erdbeerblatt *(Fragaria)* im Thymian *(Thymus serpyllum)*.

Seite 210

Geschätzte und kälteempfindliche Gewürzkräuter wie die Weinraute *(Ruta graveolens)* brauchen einen Schutz vor schneidenden Winden und beißenden Frösten.

Seite 213

Sobald die Beerenzapfen vom Wacholder *(Juniperus communis)* beim Erwärmen in einer Duftlampe zu glänzen beginnen, entfaltet sich ihr aromatischer Duft.

Seite 214
Der Schnee hat der Herbstfetthenne *(Hylotelephium telephium)* eine dicke Mütze auf die schon lange ab-geblühten, schirmförmigen Blütenrispen gesetzt.

Seite 217
Das Räuchern gehört zu den uralten Zeremonien, um Haus und Hof zu reinigen. Mit einer Schale voller glimmender Kräuter geht man in den Raunächten zwischen Weihnachten und Dreikönig auch durch den Garten, um den Segen der Natur zu erbitten.

Seite 218
Im Winter tragen die zungenförmigen Blätter vom Garten-Salbei *(Salvia officinalis)* einen dichten Filz, an dem Wassertropfen zu Kristallschmuck gefrieren.

Seite 220–221
Ist sie nicht eine Wucht in Blüten, die Heidenelke *(Dian-thus deltoides)*? Klein, aber mehr als oho. Für den Garten gibt es auch weiße, rote und sogar gefüllte Sorten.

Die Mitwirkenden

© BR/Gerhard Blank

Wolfgang Schneider, Seite 31

Bayern, ein schönes Land mit Bergen, Seen und Wäldern, Städten, Dörfern, Museen. Der Freizeit-Experte Wolfgang Schneider macht jeden Samstag Lust auf Bayern.

Wolfgang Schneider zum Glück aus dem Garten: »Grüner Daumen ist was anderes. Ich gehöre wahrlich nicht zu den Menschen, deren große Leidenschaft das Garteln ist. Dennoch hab' ich an zwei Tätigkeiten im Garten große Freude: am Rasenmähen und am Rosenschneiden. Ich konnt' es anfangs nicht glauben, als mein grüner Profi-Nachbar mich aufgeklärt und auch darauf bestanden hat: Die Rosen ganz ganz radikal kürzen. Wirklich so kurz, da bleibt ja nix mehr übrig? Ja, so kurz. Das Ergebnis war überwältigend. Die über 50 Jahre alten Rosenstöcke – fragen Sie mich bitte nicht, welche Sorte – haben unglaublich ausgetrieben. Wunderschöne dicke fette rote Blüten. Also gehen auch Sie mutig mit Ihren Rosen um. Die Natur wird es Ihnen danken.«

© BR/Markus Konvalin

Achim Zeppenfeld, Seite 51

Der »Multitasking-Mann«, der die Vielfalt im Radio über alles liebt.

Achim Zeppenfeld zum Glück aus dem Garten:
»Mit Wasser und Erde beginnt, wie die große Welt des Schöpfers, die kleine Welt, die der Gartenzauberer schafft.« Diese Worte von Rudolf Borchardt drücken ziemlich genau das aus, was ich empfinde, wenn ich durch meinen Garten flaniere. Der Zauber besteht darin, dass ich es in der Hand habe zu gestalten, wirklich Einfluss zu nehmen und dem Leben im Garten eine Richtung zu geben, und es funktioniert – meistens.

Natürlich gibt es immer was zu tun, aber auch die unliebsamen Arbeiten sind sehr erfüllend, denn wie bei einem Handwerker, gibt es ein sicht-, riech- und sogar tastbares Ergebnis. Und im Herbst kann man das auch noch essen. Was gibt's Schöneres?«

Uwe Erdelt, Seite 71

Er ist ein Sportsmann und sein Grundsatz lautet: Fair
bleiben! So nähert sich Uwe auch seinen Themen. Er
moderiert im Wechsel mit Tilmann Schöberl den Morgen
auf Bayern 1. Sie erkennen ihn immer wieder mal am
fränkischen Zungenschlag. Das Bayern-1-Motto »Immer
in Ihrer Nähe« gehört für ihn mit zum Schönsten, was
diesen Beruf ausmacht.

Uwe Erdelt zum Glück aus dem Garten:
»Unser Garten entsteht ja noch, angelegt im Jahr 2009,
oft sitze ich in freien Stunden in verschiedenen Ecken des
Gartens und überlege, wie er weiter entwickelt werden
kann. Manchmal bemerken wir, dass die eine oder ande-
re Pflanze nach einem anderen Standort verlangt. Sodass
Pflege, Neu- und Umpflanzungen und kreative Gedan-
ken im Zusammenhang mit unserem Garten gleichzeitig
immer auch wertvolle Stunden der Entspannung sind.
Bei aller Mühe, wenn man wieder mal den Spaten im
Erdreich versenkt! Wie sich die Pflanzen und mit ihnen
der Garten über die Jahre verändert und einen eigenen
Charakter entwickelt, das zu beobachten, macht am
meisten Spaß!«

© BR/Markus Konvalin

Gabi Fischer, Seite 91

Ihre angeborene Neugierde ist goldrichtig für die Blaue Couch, auf die sie Prominente einlädt. Eine große Herausforderung, Geschichten über die Gäste herauszubekommen, die sie garantiert noch nie in der Öffentlichkeit erzählt haben – immer wieder auch über deren Gärten.

Gabi Fischer zum Glück aus dem Garten:
»*Garteln bedeutet für mich nicht Arbeit, sondern Entspannung pur. Ich liebe es, im Garten rumzuwurschteln, meistens unter ›Anleitung‹ meiner Katze, die sich freut, mit mir auf allen vieren durchs Gebüsch zu krabbeln und mir beim Rumschnippeln zuzuschauen. Dabei kann ich herrlich meinen Kopf freimachen. Und danach entspannen in meiner Hängematte, für die ich extra einen Apfel- und einen Zwetschgenbaum im richtigen Abstand vor vielen Jahren gepflanzt habe.*

Im Sommer spielt sich mein Leben bei gutem Wetter meistens unter freiem Himmel ab und ich freu mich immer, sobald die Gartensaison losgeht.«

© BR/Markus Konvalin

Christoph Deumling, Seite 108

Was Christoph Deumling in Angriff nimmt, das muss laufen – und es läuft. Eigentlich wollte er mal Fußballspieler werden, wohl deshalb begleitet er Fußballer und Fußballbegeisterte bei »Heute im Stadion«. Er hat noch viele weitere Leidenschaften außer dem grünen Rasen, etwa Kochen und Oldies.

Christoph Deumling zum Glück aus dem Garten:
»Ich habe erst seit sieben Jahren einen eigenen Garten, unschlagbare Qualität ist dabei unter anderem: Mit einem Garten habe ich ›Urlaub‹ vor der Haustür – großartig.

Aber kümmern kann ich mich um den Garten natürlich aus Zeitgründen zu wenig – das ist sehr schade!«

© BR/Markus Konvalin

Ulla Müller, Seite 130

Alles frei raus sagen, das ist typisch für sie: Ulla Müller vom Vormittag auf Bayern 1. Jeden Tag aufs Neue begeistert und erstaunt darüber, wie vielfältig Bayern ist und wie liebenswert seine Menschen sind. Und genau für sie macht sie zusammen mit dem Vormittagsteam Radioprogramm.

Ulla Müller zum Glück aus dem Garten:
»*Wir leben auf dem Dorf, meine Buben und ich, und das aus einem einzigen Grund: Weil ich ein Landei bin und die Natur liebe und brauche. Raus aus der Terrasse und wir sind im Garten, 200 Meter gehen und wir sind im Wald, 2 Kilometer fahren und wir sind am Lech mit den wunderbaren Lechauen.*

Viel Garteln kann ich aus Zeitmangel nicht, und mit fußballspielenden Söhnen ist das auch, grad was schöne Blumenbeete angeht, von erhabener Sinnlosigkeit.

Aber was für mich das Schönste ist: Ein langer Spaziergang auf eine riesige Wiese, auf der eine alte Eiche steht, in die irgendjemand eine Schaukel gehängt hat. Auf der sitze ich oft, schau nach oben, beobachte den Baum im Lauf der Jahreszeiten und genieße diese wunderbare Ruhe. Und falls der Schaukelaufhänger dieses Buch liest: Danke!!«

© BR/Markus Konvalin

Peter Hirsch, Seite 148

Ein in München geborener, im Oberallgäu aufgewachsener Halb-Niederbayer, Halb-Chiemgauer mit verwandtschaftlichen Wurzeln ins Fränkische. Da kann ja journalistisch fast nichts anderes als ein Job in der Bayernredaktion des BR herauskommen.

Tatsächlich hat ihm diese universalbayerische Herkunft von Anfang an geholfen: erst als Reporter, dann als Moderator des Bayernmagazins. Dabei wollte er eigentlich zur Zeitung, doch nach sechs Wochen Praktikum im BR ist er hängengeblieben und hat es seitdem nie bereut. Zumal er sich ja seit einigen Jahren auch noch einen langgehegten Wunsch erfüllen kann: Als Sänger in der Bayern-1-Band.

Peter Hirsch zum Glück aus dem Garten:
»Draußen sein – im Garten, im Wald, an einem Fluss oder See – ist im Wortsinn gleichbedeutend für ›Durchschnaufen‹ und den Kopf frei kriegen. Und wenn zu allem, was dort grünt und blüht oder sich verfärbt, noch hoch oben ein Bussard kreist, ein Rotkehlchen singt und plötzlich ein Igel grunzend über den Rasen läuft, ist mein Glück tatsächlich perfekt.«

© BR/Markus Konvalin

Thomas Ohrner, Seite 173

Gut aufgelegt zu sein, Spaß zu machen und Spaß zu verstehen – das gehört für Thomas Ohrner zum Selbstverständnis als Moderator. Seit 40 Jahren ist der frühere Kinderstar schon in den Medien unterwegs, aber die Puste ist ihm dabei noch nicht ausgegangen. Der Mann hat Ausdauer, was er ab und zu auch auf Marathonläufen beweist. Aber Verschnaufen muss auch mal sein, und das macht er am liebsten in seinem Garten in Oberbayern.

Thomas Ohrner zum Glück aus dem Garten:
»Beim Garteln kann ich richtig abschalten und genieße es, mich völlig der Natur hinzugeben. Sich um die Pflanzen zu kümmern und Neue zu setzen hat etwas Schöpferisches. Da wir einen Garten mit großem Baumbestand haben, kriege ich jedes Mal im Herbst die Krise. Für die Laubarbeiten brauche ich Tage. Aber dann tröste ich mich und denke schon wieder an den Frühling, wenn alles wieder zu blühen anfängt, dann ist mein Garten wieder das reinste Paradies.«

Barbara Jelen, Seite 195

Wann immer man auch in die Bayern-1-Redaktion kommt, Barbara Jelen ist fast immer da. Neben ihren Moderationen leistet sie jede Menge Redaktionsarbeit.

Barbara Jelen zum Glück aus dem Garten:
»Den Rasen mähen, Baumscheiben vom Unkraut befreien – als Kind waren das für mich ausgesprochen lästige Pflichtaufgaben. Mit dem eigenen Gärtchen war das plötzlich ganz anders. Am Fensterbrett aussähen, beobachten, wie die Pflänzchen gedeihen und die selbstgezogenen Tomaten ernten – da war die Arbeit im Garten nicht mehr Pflicht, sondern Freude, und sie war für meinen Geschmack viel zu schnell getan.
Heute ist der Garten groß, ein Waldgarten mit Eichen und Hainbuchen, in dem es immer zu tun gibt. Vor allem, wenn im Herbst das Laub am Boden liegt und dazu Tausende (oder Zehntausende?) Eicheln, die garantiert alle keimen, wenn ich sie nicht aufsammle. Eine Pflichtaufgabe? Ja. Lästig? Nein. Weil es immer wieder eine Freude ist, die Gartenschuhe anzuziehen, raus zu gehen, zu erleben, wie sich der Garten im Lauf des Jahres verändert und dabei die Zeit zu vergessen.«

Petra Mentner, Seite 212

Sie ist die Stimme Frankens im Nachmittag auf Bayern 1.

Ulla Müller zum Glück aus dem Garten:
»Mein Kinderzimmer war schon als Baby der Garten zu Hause. Im Schatten eines gigantischen Kirschbaums (ich habe bis heute keinen Größeren gesehen) döste ich im Kinderwagen, links von mir die Katze meiner Oma im Gras, rechts davon der große Hund. Später hing an diesem Baum, der im Frühjahr ganze Wolken von weißen Blüten und im Sommer saftig-süße Kirschen produzierte, meine Schaukel. Mit diesem Baum erlebte ich von klein auf den Zauber der Jahreszeiten. Im nahen Gemüsebeet steckte mir meine Oma ein eigenes Beet ab, damit ich selbst Radieschen, Karotten und Salat ziehen konnte.

Mein eigener winziger ›Prachtgarten‹ heute ist zwar zu klein für einen großen Kirschbaum, aber Kräuter, Bohnen, Tomaten und eine Fülle von bunten Blumen gedeihen auch dort. Und wenn es die Zeit erlaubt, bin ich zusammen mit meinem Pferd in der Natur unterwegs, rieche und fühle den Wald zu jeder Jahreszeit, sehe Rehe und Habichte, Füchse und Eichhörnchen und bin jedes Mal aufs Neue fasziniert von dieser fantastischen Fülle.«

Register

Schädlinge und Krankheiten

Impressum

Verlagsgruppe Random House FSC® N001967
Das für dieses Buch verwendete FSC®-zertifizierte Papier *Munken Premium Cream* liefert Arctic Paper Munkedals AB, Schweden.

1. Auflage
Copyright © 2014 Deutsche Verlags-Anstalt, München,
in der Verlagsgruppe Random House GmbH
Alle Rechte vorbehalten
Fotos: Karin Greiner
Satz und Layout: Monika Pitterle/DVA
Lithographie: Helio, München
Druck und Bindung: Pustet, Regensburg
Printed in Germany
ISBN 978-3-421-03949-1

www.dva.de